מַסֶּכֶת רֹאשׁ הַשָּׁנָה

מַסֶּכֶת רֹאשׁ הַשָּׁנָה

ומאמר על יסודות קידוש החודש

עם ביאורים מאת

משה גרוס וגד מכטה

ואיורים מאת

חננאל תורגמן

קורן ירושלים

משנאות
משנה נאה בהנאה

The Annotated and Illustrated Masekhet Rosh Hashana
Moshe Gross, Gad Machta
Illustrated by Hananel Turgeman

'משנאות' - מסכת ראש השנה
mishnaot@gmail.com

הוצאת קורן
ת"ד 4044 ירושלים 9104001
טל': 02-6330530 פקס: 02-6330534

www.korenpub.com

תמונת העטיפה ועיצוב: חננאל תורגמן
עימוד: בנצי בינדר

מסת"ב ISBN 978-965-301-921-8

נדפס בישראל Printed in Israel 2017

לעילוי נשמת

חממה (יונה) ג׳יספאן

נפטרה בט״ז בניסן ה׳תשע״ז

אישה צנועה וטובת לב,

בעלת חסד ויראת שמים

לעילוי נשמת

ר' שאול אלכסנדר בן ר' שלום ויינשטיין ז"ל

נפטר בי"ג בתמוז תשס"ד

ר' אליעזר ליפא בן ר' יהושע הכהן רפפורט ז"ל

נפטר בט' בשבט תשע"א

לעילוי נשמת

יעקב משה בן ידידה ואהרן ז״ל

נלב״ע בכ״ה באדר

מרת שושנה בת חנה ורבי ע״ה

נלב״ע בד׳ בטבת

נתרם על ידי בנם הנדיב יוסף משה, נרו יאיר

לעילוי נשמת

אברהם בן אריה גרוסמן

שהיה מנעים בקולו את הציבור בתפילות הימים הנוראים

נפטר בי״ט באלול תשע״ו

נתרם על ידי משפחתו

לעילוי נשמת

אבינו ר׳ חיים יעקב בן ר׳ שמואל לינצר

שהיה בעל תוקע עשרות שנים בבית הכנסת ״שונה הלכות״ בפתח תקווה

נלב״ע בכ״ד באלול תשמ״ח

לעילוי נשמת

דוד בן משה ז״ל

משה יוסף בן צבי ז״ל

מבוא

הורים ומחנכים יקרים,

החוויה וההבנה של לימוד המשנה היו לנגד עינינו בכל שלבי יצירת הספר, ממסד ועד טפחות.

דרכנו בפירוש

לא התיימרנו לפרש מחדש את המשנה, אלא התבססנו על דברי הראשונים והאחרונים מפרשי המשנה והגמרא, כמו כן הוספנו מעט הוספות מהתוספתא והירושלמי. דרכנו בפירוש הייתה להביא את הפירוש הקרוב ביותר ללשון המשנה. אמנם פעמים שבגמרא נוספה אוקימתא לדברי המשנה, ולשם כך צירפנו את פירוש רבי עובדיה מברטנורה, שלרוב הזכיר אוקימתות אלו.

המשנה מובאת כאן על פי שיטת 'משנה סדורה', העוזרת להבנה ולשינון, ותודתנו נתונה לרב אליהו דורדק על כך ועל הליווי והעצות.

דרכנו בציורים

ישנם שני סוגים של ציורים: יש ציורים מבארים ויש ציורים מלווים. הציורים המבארים באים לעזור ללומד להבין את המציאות המדוברת, שכן פעמים רבות בלי ציור מוחשי קשה להבין את דין המשנה והמציאות שדיברו בה. יש מקומות שבהם הראשונים נחלקו באיזו מציאות מדובר ובהם לא הבאנו כמה ציורים, אלא ציור אחד, התואם למובא בפירוש.

ישנם ציורים מסוג אחר, והם ציורים מלווים. ציורים אלה באו לאו דווקא לתוספת הבנה, אלא כדי שלימוד המשנה ילווה בחוויה חיובית של לימוד, ולכן הציורים באו בסגנון חי ונושם.

אנו תפילה כי הלימוד במשנה זו יגדיל את החיבה ללימוד התורה בכלל וללימוד המשנה בפרט.

מַסֶּכֶת רֹאשׁ הַשָּׁנָה

מבוא למסכת ראש השנה

מסכת ראש השנה עוסקת בעיקר בשני נושאים:

בדיני קידוש החודש על ידי בית הדין ובמצוות השופר שבראש השנה. לוח השנה העברי ומועדי ישראל תלויים בקידוש החודש, ודבר זה ניכר ביותר בחג ראש השנה, שזמנו הוא בתחילת החודש, ביום א' בתשרי, ואם לא יקדשו חכמים את החודש בזמנו ראש השנה יידחה למחרת. מצוות תקיעת השופר בראש השנה היא מן התורה, והיא המצווה העיקרית ביום זה, ואף על שמה הוא נקרא (במדבר כט, א): "וביום השביעי באחד לחודש מקרא קודש יהיה לכם... יום תרועה יהיה לכם".

אגב דינים אלו נוספו למסכת כמה עניינים הקשורים לראש השנה.

פרק א פותח בתאריכים מיוחדים בשנה, הנחשבים לראשי שנים וזמני דין ומשפט. הוא ממשיך בדיני קידוש החודש: ההיתר לחלל שבת לצורך העדות על חידוש הירח, מי הם הכשרים להעיד, ומתי יוצאים שליחים למקומות הרחוקים להודיע על קידוש החודש.

פרק ב עוסק בדיני קידוש החודש, כגון: כיצד הייתה נעשית ההכרזה על קידוש החודש, כיצד היו בודקים את העדים וכיצד היו בית דין מקדשים את החודש, אחר שהתקבלה העדות. נוסף לכך, מובאות תקנות שנעשו מפני הכופרים והמתנגדים לחכמים שניסו לקלקל את קידוש החודש.

פרק ג פותח במצבים שונים שבהם בית דין ראה את חידוש הירח, ובהמשך עוסק בדיני השופר: המין הכשר לעשות ממנו שופר וכיצד יכול להיפסל, הצורך לשמוע את קולו של השופר בבירור, היכולת לתקוע עבור מישהו אחר שישמע את התקיעה, והכלל שרק מי שמחויב בדבר יכול להוציא אחר ידי חובה.

פרק ד עוסק בתקיעת השופר בזמן בית המקדש ואחר חורבנו, ובתקנות רבי יוחנן בן זכאי זכר למקדש. בהמשך מבוארים סדר הברכות שבתפילה וסדר התקיעות: מי הוא המתקיע, היכן בתפילה תוקע ומהו שיעור התקיעה.

פרק ראשון

פרק זה עוסק בקידוש החודש הנעשה על ידי בית הדין, מתי שולחים שליחים להודיע לציבור שקידשו את החודש, מתי מותר לחלל שבת כדי להעיד על החודש ומי הם הכשרים להעיד.

קידוש החודש קובע באיזה יום יתחיל אותו החודש ועל פיו נקבעים שאר המועדים בחודש זה. לכן הפרק פותח בפירוט של ארבעה תאריכים שנחשבים לראש השנה לעניינים מסוימים, וארבעה תאריכים שבהם הקדוש ברוך הוא דן את העולם.

א **אַרְבָּעָה רָאשֵׁי שָׁנִים הֵם:**
בְּאֶחָד בְּנִיסָן רֹאשׁ הַשָּׁנָה לַמְּלָכִים וְלָרְגָלִים.

בְּאֶחָד בֶּאֱלוּל רֹאשׁ הַשָּׁנָה לְמַעְשַׂר בְּהֵמָה.
רַבִּי אֶלְעָזָר וְרַבִּי שִׁמְעוֹן אוֹמְרִים: בְּאֶחָד בְּתִשְׁרֵי.

בְּאֶחָד בְּתִשְׁרֵי רֹאשׁ הַשָּׁנָה לַשָּׁנִים וְלַשְּׁמִטִּין וְלַיּוֹבְלוֹת, לַנְּטִיעָה וְלַיְּרָקוֹת.

בְּאֶחָד בִּשְׁבָט רֹאשׁ הַשָּׁנָה לָאִילָן, כְּדִבְרֵי בֵּית שַׁמַּאי.
בֵּית הִלֵּל אוֹמְרִים: בַּחֲמִשָּׁה עָשָׂר בּוֹ.

רבי עובדיה מברטנורה

אַרְבָּעָה רָאשֵׁי שָׁנִים הֵן... לַמְּלָכִים - מַלְכֵי יִשְׂרָאֵל מוֹנִין לָהֶם מִנִּיסָן. שֶׁאִם מָלַךְ מֶלֶךְ בִּשְׁבָט אוֹ בַּאֲדָר, מִשֶּׁהִגִּיעַ נִיסָן כָּלְתָה לוֹ שָׁנָה, וּמַתְחִילִין לִמְנוֹת לוֹ שָׁנָה שְׁנִיָּה. וּמִקְּרָא נָפְקָא לָן דְּמִנִּיסָן מָנֵינַן לְהוּ, דִּכְתִיב (מלכים א ו, א): "וַיְהִי בִשְׁמוֹנִים שָׁנָה וְאַרְבַּע מֵאוֹת שָׁנָה לְצֵאת בְּנֵי יִשְׂרָאֵל מֵאֶרֶץ מִצְרַיִם בַּשָּׁנָה הָרְבִיעִית בְּחֹדֶשׁ זִו, הוּא הַחֹדֶשׁ הַשֵּׁנִי לִמְלֹךְ שְׁלֹמֹה עַל יִשְׂרָאֵל", מַקִּישׁ מַלְכוּת שְׁלֹמֹה לִיצִיאַת מִצְרַיִם, מַה יְּצִיאַת מִצְרַיִם מִנִּיסָן מָנֵינַן לָהּ - אַף לְמַלְכוּת שְׁלֹמֹה מִנִּיסָן מָנֵינַן לָהּ.

וּלְמַלְכֵי אֻמּוֹת הָעוֹלָם מוֹנִין מִתִּשְׁרֵי, וְהַיְנוּ דִּתְנַן לְקַמָּן בְּסָמוּךְ (משנה ב): "בְּאֶחָד בְּתִשְׁרֵי רֹאשׁ הַשָּׁנָה לַשָּׁנִים", כְּלוֹמַר לַשָּׁנִים שֶׁל מַלְכֵי אֻמּוֹת הָעוֹלָם. וְנָפְקָא מִנַּהּ, לְפִי שֶׁרְגִילִין לִמְנוֹת זְמַן שְׁטָרוֹת לִשְׁנוֹת הַמֶּלֶךְ מִשָּׁנָה שֶׁעָמַד בָּהּ, מִשּׁוּם שְׁלוֹם מַלְכוּת. וְאִם עָמַד מֶלֶךְ בַּאֲדָר, וְכָתַב לוֹ הַסּוֹפֵר בְּנִיסָן שֶׁלְּאַחַר שְׁלֹשָׁה עָשָׂר חֹדֶשׁ 'נִיסָן שֶׁל שָׁנָה שְׁנִיָּה', כֵּיוָן דְּנִיסָן רֹאשׁ הַשָּׁנָה לַמְּלָכִים - הֲוָה לֵיהּ שְׁטָר מְקֻדָּם וּפָסוּל, מִשּׁוּם דְּהַאי נִיסָן שֶׁל שָׁנָה שְׁלִישִׁית הוּא. וְשִׁטְרֵי חוֹב הַמְּקֻדָּמִים פְּסוּלִים, לְפִי שֶׁנִּמְצָא טוֹרֵף לָקוֹחוֹת שֶׁלָּקְחוּ הַשָּׂדֶה מִן הַלֹּוֶה בֵּין זְמַנּוֹ שֶׁל שְׁטָר לִזְמַן הַהַלְוָאָה שֶׁלֹּא כַּדִּין, שֶׁהֲרֵי קָדְמָה מְכִירָה לַהַלְוָאָה. לְפִיכָךְ קְנָסוּהוּ לְאַבֵּד גַּם מִזְּמַן הַהַלְוָאָה וָאֵילָךְ וְלֹא גָּבֵי מִמְּשַׁעְבְּדֵי [=אינו גובה מנכסים משועבדים].

וְלָרְגָלִים - הָכִי קָאָמַר, רֶגֶל שֶׁבּוֹ, שֶׁהוּא פֶּסַח. **רֹאשׁ הַשָּׁנָה לָרְגָלִים**, לְעִנְיַן הַנּוֹדֵר, שֶׁאִם עָבְרוּ עָלָיו שְׁלֹשָׁה רְגָלִים מִשֶּׁנָּדַר וְלֹא קִיֵּם נִדְרוֹ - עוֹבֵר עַל "בַּל תְּאַחֵר".
וְרַבִּי שִׁמְעוֹן אוֹמֵר שֶׁאֵינוֹ עוֹבֵר עַל בַּל תְּאַחֵר עַד שֶׁיַּעַבְרוּ עָלָיו שָׁלֹשׁ רְגָלִים כְּסִדְרָן, וְחַג הַמַּצּוֹת תְּחִלָּה, כְּמוֹ שֶׁהֵן סְדוּרִים בַּמִּקְרָא (דברים טז, טז): "בְּחַג הַמַּצּוֹת וּבְחַג הַשָּׁבֻעוֹת וּבְחַג הַסֻּכּוֹת".
וּפְסַק הֲלָכָה: מִשֶּׁיַּעֲבֹר עָלָיו רֶגֶל אֶחָד בִּלְבַד וְלֹא הֵבִיא נִדְרוֹ - עוֹבֵר בַּעֲשֵׂה, דִּכְתִיב (שם יב, ה-ו) "וּבָאתָ שָׁמָּה וַהֲבֵאתֶם שָׁמָּה עוֹלֹתֵיכֶם וגו'". רֶגֶל רִאשׁוֹן שֶׁאַתָּה בָא - אַתָּה צָרִיךְ לְהָבִיא. וּמִשֶּׁיַּעַבְרוּ עָלָיו שָׁלֹשׁ רְגָלִים - עוֹבֵר עַל "בַּל תְּאַחֵר".

וְאֵין הֲלָכָה כְּרַבִּי שִׁמְעוֹן דְּבָעֵי שָׁלֹשׁ רְגָלִים כְּסִדְרָן.

רֹאשׁ הַשָּׁנָה לְמַעְשַׂר בְּהֵמָה - שֶׁאֵין מְעַשְּׂרִים מִן הַנּוֹלָדִים בְּשָׁנָה זוֹ עַל הַנּוֹלָדִים בַּחֲבֶרְתָּהּ, דִּכְתִיב (דברים יד, כב): "עַשֵּׂר תְּעַשֵּׂר", בִּשְׁתֵּי מַעַשְׂרוֹת הַכָּתוּב מְדַבֵּר, אֶחָד מַעֲשַׂר דָּגָן וְאֶחָד מַעֲשַׂר בְּהֵמָה, וְאָמַר קְרָא (שם): "שָׁנָה שָׁנָה", וְלֹא מִשָּׁנָה זוֹ עַל שֶׁל חֲבֶרְתָּהּ.

וְרַבִּי אֶלְעָזָר וְרַבִּי שִׁמְעוֹן אוֹמְרִים: בְּאֶחָד בְּתִשְׁרֵי - כֵּיוָן דְּאִתְקַשׁ מַעֲשַׂר בְּהֵמָה לְמַעֲשַׂר דָּגָן, מַה

מַעֲשַׂר דָּגָן רֹאשׁ הַשָּׁנָה שֶׁלּוֹ תִּשְׁרֵי – אַף מַעֲשַׂר בְּהֵמָה רֹאשׁ הַשָּׁנָה שֶׁלּוֹ תִּשְׁרֵי.
וְאֵין הֲלָכָה כְּרַבִּי אֱלִיעֶזֶר וְרַבִּי שִׁמְעוֹן דְּאָמְרִי בְּאֶחָד בְּתִשְׁרֵי.
וְתַנָּא קַמָּא סָבַר כֵּיוָן דְּאִתְקַשׁ מַעֲשַׂר בְּהֵמָה לְמַעֲשַׂר דָּגָן, דִּכְתִיב: "עַשֵּׂר תְּעַשֵּׂר", מַה דָּגָן סָמוּךְ לִגְמָרוֹ עִשּׂוּרוֹ, שֶׁהֲרֵי רֹאשׁ הַשָּׁנָה שֶׁלּוֹ תִּשְׁרֵי, וְהוּא סָמוּךְ לִגְמָרוֹ, שֶׁכָּל יְמוֹת הַחַמָּה עוֹמֵד בַּגֹּרֶן לְהִתְיַבֵּשׁ – אַף מַעֲשַׂר בְּהֵמָה נָמֵי סָמוּךְ לִגְמָרוֹ עִשּׂוּרוֹ, דְּהַיְנוּ אֶחָד בֶּאֱלוּל, שֶׁהַבְּהֵמוֹת יוֹלְדוֹת בְּאָב, שֶׁאָז נִגְמָר זְמַן עִבּוּרָן. דְּהָכִי יָלְפִינַן מִקְּרָא, דִּכְתִיב (תהלים סה, יד): "לָבְשׁוּ כָרִים הַצֹּאן, וַעֲמָקִים יַעַטְפוּ בָר", "אֵימָתַי לָבְשׁוּ כָּרִים הַצֹּאן?" (גמרא ח, א), כְּלוֹמַר שֶׁמִּתְלַבְּשׁוֹת מֵהַזְּכָרִים הָעוֹלִים עֲלֵיהֶם וּמִתְעַבְּרוֹת, "בִּזְמַן שֶׁהָעֲמָקִים יַעַטְפוּ בָר", דְּהַיְנוּ בַּאֲדָר, שֶׁהַזְּרִיעָה צוֹמַחַת וְנִכֶּרֶת יָפֶה. וְיוֹלְדוֹת בְּאָב, דִּזְמַן עִבּוּרָהּ שֶׁל בְּהֵמָה דַּקָּה חֲמִשָּׁה חֳדָשִׁים. הִלְכָּךְ רֹאשׁ הַשָּׁנָה שֶׁל מַעֲשַׂר בְּהֵמָה בְּאֶחָד בֶּאֱלוּל, סָמוּךְ לִגְמָרוֹ.

לַשָּׁנִים – לִשְׁנֵי מַלְכֵי אֻמּוֹת הָעוֹלָם, כִּדְפָרֵישִׁית לְעֵיל.

וְלַשְּׁמִטִּין וְלַיּוֹבְלוֹת – מִשֶּׁנִּכְנַס תִּשְׁרֵי אָסוּר לַחֲרֹשׁ וְלִזְרֹעַ מִן הַתּוֹרָה.

וְלַנְּטִיעָה – אִם נָטַע אִילָן אַרְבָּעִים וַחֲמִשָּׁה יוֹם קֹדֶם אֶחָד בְּתִשְׁרֵי, שֶׁהֵם שְׁתֵּי שַׁבָּתוֹת לִקְלִיטָה, שֶׁהַנְּטִיעָה נִקְלֶטֶת בִּשְׁתֵּי שַׁבָּתוֹת, וּשְׁלֹשִׁים יוֹם אַחַר הַקְּלִיטָה לְהֵחָשֵׁב שָׁנָה, דִּשְׁלֹשִׁים יוֹם בְּשָׁנָה חֲשׁוּבִים שָׁנָה – הֲרֵי אַרְבָּעִים וַחֲמִשָּׁה יוֹם. כְּשֶׁיַּגִּיעַ אֶחָד בְּתִשְׁרֵי – מוֹנִין לָהּ שָׁנָה שְׁנִיָּה מִשְּׁנוֹת הָעָרְלָה. וּלְתִשְׁרֵי שֶׁל שָׁנָה הָאַחֶרֶת מוֹנִין לָהּ שָׁנָה שְׁלִישִׁית. וּלְאַחַר שָׁנָה שְׁלִישִׁית, כְּשֶׁיַּגִּיעַ אֶחָד בְּתִשְׁרֵי שֶׁל שָׁנָה רְבִיעִית, אִם חָנְטוּ בִּנְטִיעָה זוֹ פֵּרוֹת – עֲדַיִן הֵם אֲסוּרִים מִשּׁוּם עָרְלָה. שֶׁאַף עַל פִּי שֶׁתִּשְׁרֵי רֹאשׁ הַשָּׁנָה לַנְּטִיעָה, ט"ו בִּשְׁבָט רֹאשׁ הַשָּׁנָה לָאִילָן וְזֶה כְּבָר נַעֲשֶׂה אִילָן, לְפִיכָךְ אֵין שְׁנָתוֹ מִתְחַדֶּשֶׁת לָצֵאת מִידֵי עָרְלָה עַד ט"ו בִּשְׁבָט. וּמִשָּׁם וָאֵילָךְ, אִם יַחַנְטוּ בּוֹ פֵּרוֹת – הֵם תּוֹרַת רְבָעִי עֲלֵיהֶן לְאָכְלָן בִּירוּשָׁלַיִם. וּבְט"ו בִּשְׁבָט לַשָּׁנָה הַבָּאָה יֵצְאוּ מִידֵי רְבָעִי פֵּרוֹת הַחוֹנְטִים בָּהּ מִכָּאן וָאֵילָךְ.

וְלַיְּרָקוֹת – לְמַעֲשַׂר יָרָק, שֶׁאֵין תּוֹרְמִין מִן הַיָּרָק שֶׁנִּלְקָט לִפְנֵי רֹאשׁ הַשָּׁנָה עַל הַיָּרָק הַנִּלְקָט לְאַחַר רֹאשׁ הַשָּׁנָה.

רֹאשׁ הַשָּׁנָה לָאִילָן – לְעִנְיַן מַעֲשַׂר פֵּרוֹת, שֶׁאֵין מְעַשְּׂרִין פֵּרוֹת אִילָן שֶׁחָנְטוּ קֹדֶם שְׁבָט עַל שֶׁחָנְטוּ לְאַחַר שְׁבָט, דְּבָאִילָן אָזְלִינַן בָּתַר חֲנָטָה.

אִי נָמֵי, נָפְקָא מִנַּהּ לְעִנְיַן שָׁנָה שְׁלִישִׁית שֶׁל שְׁמִטָּה, שֶׁנּוֹהֵג בָּהּ מַעֲשַׂר עָנִי. שֶׁאוֹתָן פֵּרוֹת שֶׁחָנְטוּ מֵרֹאשׁ הַשָּׁנָה שֶׁל שָׁנָה שְׁלִישִׁית עַד שְׁבָט – דָּנִין אוֹתָן כְּפֵרוֹת שֶׁל שָׁנָה שְׁנִיָּה שֶׁעָבְרָה, וְנוֹהֵג בָּהֶן מַעֲשֵׂר רִאשׁוֹן וּמַעֲשֵׂר שֵׁנִי, וּמִשְּׁבָט וָאֵילָךְ נוֹהֵג בָּהֶן מַעֲשֵׂר רִאשׁוֹן וּמַעֲשַׂר עָנִי.

בשנה יש שנים-עשר חודשים, ואנו רגילים למנות אותם מיום א' בתשרי, והוא ראש השנה. משנה זו מפרטת ארבעה תאריכים בשנה שכל אחד מהם נחשב ראש השנה לעניין אחר.

אַרְבָּעָה רָאשֵׁי שָׁנִים הֵם – ארבעה תאריכים בשנה שכל אחד מהם נחשב ראש השנה לענייננו.

בְּאֶחָד בְּנִיסָן רֹאשׁ הַשָּׁנָה לַמְּלָכִים – שנות המלוכה של מלכי ישראל נספרות מראש חודש ניסן. בימי קדם היו כותבים על שטרות ומסמכים את התאריך לפי שנות המלוכה של המלך שבאותם הימים, והמשנה מלמדת שהשנים היו נקבעות מאחד בניסן, זכר ליציאת מצרים, שיצאנו מהשעבוד והתחילה מלכות ישראל (ר"ן ב, א).

וְלָרְגָלִים – שלוש הרגלים הם פסח, שבועות וסוכות, והראשון שבהם הוא פסח. בגמרא מבואר שאדם שנדר קרבן לבית המקדש ודחה את תשלום נדרו עד שעברו שלוש רגלים, עבר ב"לא תאחר לשלמו" (דברים כג, כב), ולפי משנתנו מונים את שלוש הרגלים החל מניסן, כלומר מפסח שאחר הנדר.

בְּאֶחָד בֶּאֱלוּל רֹאשׁ הַשָּׁנָה לְמַעְשַׂר בְּהֵמָה – אדם שיש לו בקר או צאן, מפריש מעשר מן הנולדים לו באותה השנה, ואותו מעשר הוא קודש לה' (ויקרא כז, לב). את הבהמות יש להפריש בכל שנה בנפרד, ולא לעשר בהמה שנולדה בשנה אחת עם בהמה משנה אחרת, והשנה החדשה מתחילה באחד באלול.

רַבִּי אֶלְעָזָר וְרַבִּי שִׁמְעוֹן אוֹמְרִים שראש השנה למעשר הבהמה הוא **בְּאֶחָד בְּתִשְׁרֵי.** מחלוקת זו תלויה בדרשות הפסוקים, כמבואר בגמרא (ח, א).

בְּאֶחָד בְּתִשְׁרֵי רֹאשׁ הַשָּׁנָה לכמה הלכות:

לַשָּׁנִים – למניין שנות המלוכה של מלכי הגויים. כפי שהתבאר לעיל, שנות המלוכה של מלכי ישראל נמנות מניסן, **וְלַשְּׁמִטִּין** – בשנה השביעית חל איסור על עבודת הקרקע (ויקרא כה, א-ה), ואיסור זה מתחיל באחד בתשרי, **וְלַיּוֹבְלוֹת** – היובל, שנת החמישים שנה שבה העבדים משתחררים ושדות שנמכרו חוזרות לבעליהם המקוריים, מתחיל באחד בתשרי, **לַנְּטִיעָה** – בשלוש השנים הראשונות לנטיעת עץ פרי, פירותיו 'ערלה' ואסורים בהנאה. היום שבו מונים שנה שלמה לעץ הוא אחד בתשרי, ואפילו אם נקלטה הנטיעה שלושים יום בלבד לפני אחד בתשרי, הם נחשבים לשנה. **וְלַיְרָקוֹת** – ירקות הנאכלים חייבים במעשר, ואין מעשרים מירקות שנלקטו בשנה אחת על ירקות שנלקטו בשנה אחרת.

בית שמאי ובית הלל נחלקו מהו היום שבו נקבעת השנה החדשה לפירות האילן, ואין מעשרים מפירות של שנה אחת על פירות של שנה אחרת. לעומת הירקות, ששנת המעשר שלהם נקבעת על פי זמן לקיטתם, כלומר קטיפתם מהקרקע, שנת פירות האילן נקבעת על פי החנטה של הפרי, כלומר תחילת יצירת הפרי.

בְּאֶחָד בִּשְׁבָט רֹאשׁ הַשָּׁנָה לָאִילָן, כְּדִבְרֵי בֵּית שַׁמַּאי.

בֵּית הִלֵּל אוֹמְרִים: בַּחֲמִשָּׁה עָשָׂר בּוֹ – בט"ו בשבט. ביום זה כבר ירדו רוב הגשמים של אותה שנה, וגם הקור של תקופת החורף מתמעט ועל כן הפירות יוצאים.

ב **בְּאַרְבָּעָה פְּרָקִים הָעוֹלָם נִדּוֹן:**
בְּפֶסַח עַל הַתְּבוּאָה, בַּעֲצֶרֶת עַל פֵּרוֹת הָאִילָן,
בְּרֹאשׁ הַשָּׁנָה כָּל בָּאֵי הָעוֹלָם עוֹבְרִין לְפָנָיו כִּבְנֵי מָרוֹן,
שֶׁנֶּאֱמַר (תהלים לג, טו): **"הַיֹּצֵר יַחַד לִבָּם, הַמֵּבִין אֶל כָּל מַעֲשֵׂיהֶם",**
וּבֶחָג נִדּוֹנִין עַל הַמָּיִם.

רבי עובדיה מברטנורה

בְּאַרְבָּעָה פְּרָקִים – בַּשָּׁנָה. **בְּפֶסַח עַל הַתְּבוּאָה** – מִדְּאָמְרָה תּוֹרָה הָבִיאוּ לְפָנַי עֹמֶר בְּפֶסַח כְּדֵי שֶׁאֲבָרֵךְ לָכֶם תְּבוּאָה שֶׁבַּשָּׂדוֹת, מִנַּהּ יָדְעִינַן דִּבְפֶסַח נִדּוֹנִים עַל הַתְּבוּאָה.

וּבַעֲצֶרֶת עַל פֵּרוֹת הָאִילָן – מִדְּאָמְרָה תּוֹרָה הָבִיאוּ לְפָנַי שְׁתֵּי הַלֶּחֶם בַּעֲצֶרֶת כְּדֵי שֶׁאֲבָרֵךְ לָכֶם פֵּרוֹת הָאִילָן, וְחִטָּה "עֵץ" קָרְיֵהּ רַחֲמָנָא, דִּכְתִיב (בראשית ב, יז): "וּמֵעֵץ הַדַּעַת טוֹב וָרָע", כְּמַאן דְּאָמַר עֵץ שֶׁאָכַל אָדָם הָרִאשׁוֹן חִטָּה הָיָה (ברכות מ, א).

כִּבְנֵי מָרוֹן – כִּבְנֵי אִמְּרִיָּא [=בני צאן], כִּכְבָשִׂים הַלָּלוּ שֶׁמּוֹצִיאִין אוֹתָן בְּפֶתַח קָטָן זֶה אַחַר זֶה לְעַשְּׂרָן, וְאֵין שְׁנַיִם יְכוֹלִים לָצֵאת כְּאֶחָד.

"הַיֹּצֵר יַחַד לִבָּם" – הָכִי קָאָמַר, "הַיֹּצֵר", וְהוּא הקב"ה – רוֹאֶה יַחַד לִבָּם וּמֵבִין אֶל כָּל מַעֲשֵׂיהֶם, שֶׁאַף עַל פִּי שֶׁעוֹבְרִים לְפָנָיו אֶחָד אֶחָד, מִכָּל מָקוֹם כֻּלָּן נִסְקָרִים בִּסְקִירָה אַחַת.

וּבֶחָג נִדּוֹנִין עַל הַמָּיִם – מִדְּאָמְרָה תּוֹרָה נַסְּכוּ לְפָנַי מַיִם בֶּחָג.

משנה זו מפרטת ארבעה תאריכים בשנה שבהם הקדוש ברוך הוא דן את העולם.

בְּאַרְבָּעָה פְּרָקִים הָעוֹלָם נִדּוֹן – ארבעה תאריכים בשנה שבהם הקדוש ברוך הוא דן את העולם.

בְּפֶסַח עַל הַתְּבוּאָה – נדונים אם בשנה זו תבואת הארץ תהיה מבורכת. התבואה היא מחמשת מיני דגן: חיטה, כוסמין (חיטה מדברית), שעורה, שיבולת שועל ושיפון (רמב"ם הלכות כלאיים א, ז).

בַּעֲצֶרֶת, בחג השבועות, שבעונתו פירות האילן מבשילים (מאירי), נידונים **עַל פֵּרוֹת הָאִילָן** – נדונים אם בשנה זו פירות האילן יהיו מבורכים.

בְּרֹאשׁ הַשָּׁנָה כָּל בָּאֵי הָעוֹלָם עוֹבְרִין לְפָנָיו – לפני הקדוש ברוך הוא, **כִּבְנֵי מָרוֹן**, כמו כבשים שהרועה שלהם מונה אותם אחד אחד, ויש מפרשים כמו החיילים של המלך שנמנים במפקד אחד אחד (גמרא יח, א), **שֶׁנֶּאֱמַר: "הַיֹּצֵר יַחַד לִבָּם, הַמֵּבִין אֶל כָּל**

מַעֲשֵׂיהֶם", הקדוש ברוך הוא היוצר את בני האדם, רואה את לבבנו יחד ויודע את מחשבותינו ומעשינו.

וּבֶחָג הסוכות, שהוא זמן התחלת ירידת הגשמים, **נִדּוֹנִין עַל הַמַּיִם** – האם גשמי השנה יהיו מבורכים.

בתוספתא (א, יג) מובאת דעת רבי יוסי שאין תאריכים מיוחדים, אלא אדם נידון בכל יום מימות השנה.

ג **עַל שִׁשָּׁה חֳדָשִׁים הַשְּׁלוּחִים יוֹצְאִין:
עַל נִיסָן מִפְּנֵי הַפֶּסַח, עַל אָב מִפְּנֵי הַתַּעֲנִית,
עַל אֱלוּל מִפְּנֵי רֹאשׁ הַשָּׁנָה, עַל תִּשְׁרֵי מִפְּנֵי תַּקָּנַת הַמּוֹעֲדוֹת,
עַל כִּסְלֵו מִפְּנֵי חֲנֻכָּה, וְעַל אֲדָר מִפְּנֵי הַפּוּרִים.**

**וּכְשֶׁהָיָה בֵּית הַמִּקְדָּשׁ קַיָּם,
יוֹצְאִין אַף עַל אִיָּר מִפְּנֵי פֶּסַח קָטָן.**

רבי עובדיה מברטנורה

שְׁלוּחִין יוֹצְאִין – כְּשֶׁקִּדְּשׁוּ בֵּית דִּין אֶת הַחֹדֶשׁ, שׁוֹלְחִין וּמוֹדִיעִין לַגּוֹלָה יוֹם שֶׁקִּדְּשׁוּהוּ, אִם בְּיוֹם שְׁלֹשִׁים, וְחֹדֶשׁ שֶׁעָבַר חָסֵר, אִם בְּיוֹם שְׁלֹשִׁים וְאֶחָד, וְחֹדֶשׁ שֶׁעָבַר מָלֵא. וּשְׁלוּחֵי בֵּית דִּין אֵין מְחַלְּלִין לֹא אֶת הַשַּׁבָּת וְלֹא אֶת יוֹם טוֹב.

וְעַל אָב מִפְּנֵי הַתַּעֲנִית – לְפִי שֶׁהֻכְפְּלוּ בּוֹ צָרוֹת יוֹתֵר מִשְּׁאַר תַּעֲנִיּוֹת.

וְעַל אֱלוּל מִפְּנֵי רֹאשׁ הַשָּׁנָה – מוֹדִיעִין מָתַי אֱלוּל, וְעוֹשִׂין רֹאשׁ הַשָּׁנָה בְּיוֹם שְׁלֹשִׁים בֶּאֱלוּל בַּגּוֹלָה, דְּרֹב שָׁנִים אֵין אֱלוּל מְעֻבָּר. וְאַף עַל פִּי שֶׁסָּפֵק בְּיָדָם שֶׁמָּא יְעַבְּרוּהוּ בֵּית דִּין, אִי אֶפְשָׁר לָהֶם לָדַעַת, וְעַל כָּרְחָן הוֹלְכִים אַחַר רֹב שָׁנִים. וְאִם לֹא יֵדְעוּ מָתַי מַתְחִיל אֱלוּל – לֹא יֵדְעוּ יוֹם שְׁלֹשִׁים שֶׁלּוֹ.

וְעַל תִּשְׁרֵי מִפְּנֵי תַּקָּנַת הַמּוֹעֲדוֹת – לְאַחַר שֶׁקִּדְּשׁוּ בֵּית דִּין לְתִשְׁרֵי, הַשְּׁלוּחִין יוֹצְאִין לְיוֹם הַמָּחֳרָת וְהוֹלְכִין עַד מָקוֹם שֶׁיְּכוֹלִין לְהַגִּיעַ עַד הֶחָג, וּמוֹדִיעִין אוֹתָם אִם עִבְּרוּ בֵּית דִּין אֶת אֱלוּל אִם לָאו, כְּדֵי שֶׁלֹּא יְהֵא לִבָּן נוֹקְפָן בְּיוֹם הַכִּפּוּרִים וּבְסֻכּוֹת.

פֶּסַח קָטָן – פֶּסַח שֵׁנִי.

בזמן המשנה היו מקדשים את החודש על פי ראיית התחדשות הירח. לאחר שבית הדין קידשו את החודש, היו שולחים שליחים למקומות הרחוקים כדי להודיע באיזה יום התקדש החודש. משנתנו מלמדת שלא בכל חודש היו יוצאים שליחים, אלא דווקא בחודשים שבהם חלים יום טוב או תענית.

עַל שִׁשָּׁה חֳדָשִׁים, שבהם יש מועדים מיוחדים, **הַשְּׁלוּחִים יוֹצְאִין** להודיע למקומות הרחוקים באיזה יום התקדש החודש:

עַל נִיסָן מִפְּנֵי הַפֶּסַח – כדי שידעו מתי חל חג הפסח, וממחרת הפסח יספרו 50 יום וידעו מתי חל חג השבועות.

עַל אָב מִפְּנֵי הַתַּעֲנִית – תשעה באב.

עַל אֱלוּל מִפְּנֵי רֹאשׁ הַשָּׁנָה – שהוא יום השלושים מראש חודש אלול.

עַל תִּשְׁרֵי מִפְּנֵי תַּקָּנַת הַמּוֹעֲדוֹת – יום הכיפורים, חג הסוכות ושמיני עצרת. אף שידעו מתי ראש השנה ויכלו לספור ממנו, רצו חכמים שכולם ידעו בלא פקפוק מתי המועדות.

עַל כִּסְלֵו מִפְּנֵי חֲנֻכָּה. וְעַל אֲדָר מִפְּנֵי הַפּוּרִים.

וּכְשֶׁהָיָה בֵּית הַמִּקְדָּשׁ קַיָּם, היו **יוֹצְאִין** השליחים **אַף עַל** חודש **אִיָּר מִפְּנֵי פֶּסַח קָטָן** – י"ד באייר, שהוא זמן ההקרבה של פסח שני לאנשים שהיו טמאים או בדרך רחוקה ולא יכלו להקריב את הפסח ולחגוג אותו בזמנו בט"ו בניסן (ראה במדבר ט).

ד עַל שְׁנֵי חֳדָשִׁים מְחַלְּלִין אֶת הַשַּׁבָּת: עַל נִיסָן וְעַל תִּשְׁרֵי, שֶׁבָּהֶן הַשְּׁלוּחִין יוֹצְאִין לְסוּרְיָא, וּבָהֶן מְתַקְּנִין אֶת הַמּוֹעֲדוֹת.

וּכְשֶׁהָיָה בֵּית הַמִּקְדָּשׁ קַיָּם, מְחַלְּלִין אַף עַל כֻּלָּן מִפְּנֵי תַּקָּנַת הַקָּרְבָּן.

רבי עובדיה מברטנורה

מְחַלְּלִין אֶת הַשַּׁבָּת – עֵדִים שֶׁרָאוּ אֶת הַחֹדֶשׁ, כְּדֵי לֵילֵךְ וּלְהוֹדִיעַ לְבֵית דִּין.

שֶׁבָּהֶם שְׁלוּחֵי בֵּית דִּין יוֹצְאִים לְסוּרְיָא – לְהוֹדִיעַ לַגּוֹלָה יוֹם קְבִיעוּתָם, הִלְכָּךְ חֲשִׁיבֵי. וּמִן הַתּוֹרָה מְחַלְּלִין עַל כֻּלָּן, אֲבָל רַבָּנָן אָסְרוּ לְפִי שֶׁאֵין תִּקּוּן הַמּוֹעֲדוֹת תָּלוּי בָּהֶן. אֲבָל שְׁנֵי חֳדָשִׁים אֵלּוּ הֶעֱמִידוּ עַל דִּין תּוֹרָה, שֶׁכָּל הַמּוֹעֲדוֹת תְּלוּיִין בָּהֶן.

תַּקָּנַת קָרְבָּן – שֶׁל רֹאשׁ חֹדֶשׁ, שֶׁיְּהֵא קָרֵב בִּזְמַנּוֹ.

קידוש החודש נעשה בבית הדין, על פי שני עדים שבאו לפני הדיינים והעידו שראו את חידוש הירח. כל מי שראה את חידוש הירח התבקש להגיע לבית הדין ולהעיד על ראייתו. במשנה זו מבואר שחכמים התירו לחלל את השבת לצורך עדות זו. דוגמה לחילול השבת מובאת להלן במשנה ט.

עַל שְׁנֵי חֳדָשִׁים, העדים על חידוש הירח **מְחַלְּלִין אֶת הַשַּׁבָּת,** כדי לבוא להעיד על כך לפני בית הדין. **עַל נִיסָן** מפני חג הפסח וחג השבועות, **וְעַל תִּשְׁרֵי** מפני יום הכיפורים וסוכות. **שֶׁבָּהֶן** – בחודשים אלו יש עניין מיוחד, **הַשְּׁלוּחִין יוֹצְאִין לְסוּרְיָא** ולשאר המקומות הרחוקים, כדי להודיע להם על קידוש החודש, **וּבָהֶן מְתַקְּנִין אֶת הַמּוֹעֲדוֹת** – קובעים בחודשים אלו תלויים החגים.

וּכְשֶׁהָיָה בֵּית הַמִּקְדָּשׁ קַיָּם, העדים על חידוש הירח **מְחַלְּלִין אַף עַל כֻּלָּן** – על כל החודשים, **מִפְּנֵי תַּקָּנַת הַקָּרְבָּן** – כדי שיקריבו את קרבן המוסף של ראש חודש בזמנו. בגמרא (כא, ב) מבואר שמחללים את השבת רק על עדות הראייה של הירח, אך לא מחללים את השבת כדי להודיע את היום שנקבע לראש חודש.

ה **בֵּין שֶׁנִּרְאָה בַעֲלִיל בֵּין שֶׁלֹּא נִרְאָה בַעֲלִיל - מְחַלְּלִין עָלָיו אֶת הַשַּׁבָּת.**
רַבִּי יוֹסֵי אוֹמֵר: אִם נִרְאָה בַעֲלִיל - אֵין מְחַלְּלִין עָלָיו אֶת הַשַּׁבָּת.

רבי עובדיה מברטנורה

בַּעֲלִיל - לְמַעְלָה מִן הָאָרֶץ הַרְבֵּה, שֶׁהַכֹּל רוֹאִים אוֹתָהּ.
שֶׁלֹּא בַּעֲלִיל - לְמַטָּה בְּשִׁפּוּלוֹ שֶׁל רָקִיעַ סָמוּךְ לָאָרֶץ, וְאַדְמוּמִית הַחַמָּה מְכַסָּה אוֹתָהּ, וְאֵינָהּ נִכֶּרֶת כָּל כָּךְ.
אֵין מְחַלְּלִין - דְּוַדַּאי רָאוּ אוֹתָהּ בִּירוּשָׁלַיִם. וְאֵין הֲלָכָה כְּרַבִּי יוֹסֵי.

משנה זו דנה מתי התירו לעדים לחלל את השבת כדי לבוא להעיד.

בֵּין שֶׁנִּרְאָה חידוש הירח **בַּעֲלִיל** - באופן ברור לעין כול, כגון שהירח היה גדול וגבוה ולא היו עננים, **בֵּין שֶׁלֹּא נִרְאָה בַעֲלִיל** - שלא נראה בבירור כל כך, **מְחַלְּלִין עָלָיו אֶת הַשַּׁבָּת**, כדי לבוא להעיד.

רַבִּי יוֹסֵי אוֹמֵר: אִם נִרְאָה בַעֲלִיל - אֵין מְחַלְּלִין עָלָיו אֶת הַשַּׁבָּת. כיוון שהירח נראה ברור לעין כול, מן הסתם ראוהו בקרבת בית הדין, ואין צורך לבוא להעיד.

ו מַעֲשֶׂה שֶׁעָבְרוּ יוֹתֵר מֵאַרְבָּעִים זוּג, וְעִכְּבָן רַבִּי עֲקִיבָא בְּלוֹד. שָׁלַח לוֹ רַבָּן גַּמְלִיאֵל: אִם מְעַכֵּב אַתָּה אֶת הָרַבִּים, נִמְצֵאתָ מַכְשִׁילָן לֶעָתִיד לָבֹא.

רבי עובדיה מברטנורה

אַרְבָּעִים זוּג - כִּתֵּי עֵדִים, זוּג אַחַר זוּג. **וְעִכְּבָן** מִלָּבוֹא לְהָעִיד כְּשֶׁיֵּרְאוּ שֶׁדִּבְרֵיהֶן לֹא נִשְׁמְעוּ. **רַבִּי עֲקִיבָא** - שֶׁלֹּא הָיָה לְבֵית דִּין צֹרֶךְ בָּהֶן. וַהֲלָכָה כְּרַבָּן גַּמְלִיאֵל. **אַתָּה מַכְשִׁילָן לֶעָתִיד לָבֹא** - שֶׁיִּמָּנְעוּ

בהמשך למשנה הקודמת, משנה זו מביאה מעשה בחודש שהירח נראה באופן ברור, ולכן באו עדים רבים שראו את חידוש הירח (מאירי). כדי לקדש את החודש די בעדות של שני עדים, והמשנה מבארת כיצד התנהגו עם שאר העדים שבאו.

מַעֲשֶׂה בשבת **שֶׁעָבְרוּ** ובאו להעיד **יוֹתֵר מֵאַרְבָּעִים זוּג** – זוגות של עדים שראו את חידוש הירח, **וְעִכְּבָן רַבִּי עֲקִיבָא בְּלוֹד** – בית הדין הגדול היה ביבנה (להלן ב, ח-ט), ורבי עקיבא עצר את העדים באמצע הדרך, כיוון שאין צורך בעדים רבים כל כך ולא רצה שיחללו שבת לחינם.

שָׁלַח לוֹ רַבָּן גַּמְלִיאֵל שיש להתיר לעדים רבים לבוא בשבת, והסיבה לכך היא: **אִם מְעַכֵּב אַתָּה אֶת הָרַבִּים** מלבוא להעיד, **נִמְצֵאתָ מַכְשִׁילָן לֶעָתִיד לָבֹא** – עדים שעיכבו אותם בדרכם, יימנעו בפעם אחרת לבוא ולהעיד בשבת, מחשש שמא יעכבו אותם, ויכול להיווצר מצב שאף אחד לא יבוא להעיד.

ברוכים
הבאים
מיקומך בתור:
41
בית דין

ז אָב וּבְנוֹ שֶׁרָאוּ אֶת הַחֹדֶשׁ - יֵלְכוּ.
לֹא שֶׁמִּצְטָרְפִין זֶה עִם זֶה, אֶלָּא שֶׁאִם יִפָּסֵל אֶחָד מֵהֶן -
יִצְטָרֵף הַשֵּׁנִי עִם אַחֵר.
רַבִּי שִׁמְעוֹן אוֹמֵר: אָב וּבְנוֹ וְכָל הַקְּרוֹבִין - כְּשֵׁרִין לְעֵדוּת הַחֹדֶשׁ.

אָמַר רַבִּי יוֹסֵי: מַעֲשֶׂה בְּטוֹבִיָּה הָרוֹפֵא שֶׁרָאָה אֶת הַחֹדֶשׁ בִּירוּשָׁלַיִם
הוּא וּבְנוֹ וְעַבְדּוֹ מְשֻׁחְרָר,
וְקִבְּלוּ הַכֹּהֲנִים אוֹתוֹ וְאֶת בְּנוֹ, וּפָסְלוּ אֶת עַבְדּוֹ.
וּכְשֶׁבָּאוּ לִפְנֵי בֵּית דִּין - קִבְּלוּ אוֹתוֹ וְאֶת עַבְדּוֹ וּפָסְלוּ אֶת בְּנוֹ.

רבי עובדיה מברטנורה

אָב וּבְנוֹ וְכָל הַקְּרוֹבִים כְּשֵׁרִים לְעֵדוּת הַחֹדֶשׁ - דְּאָמַר לְהוּ רַחֲמָנָא לְמֹשֶׁה וּלְאַהֲרֹן (שמות יב, ב): "הַחֹדֶשׁ הַזֶּה לָכֶם", עֵדוּת זוֹ שֶׁל חֹדֶשׁ תְּהֵא כְּשֵׁרָה בָּכֶם וְאַף עַל פִּי שֶׁאַתֶּם אַחִים. וְרַבָּנָן דִּפְלִיגֵי עֲלֵיהּ אָמְרֵי: "הַחֹדֶשׁ הַזֶּה לָכֶם" - עֵדוּת זוֹ תְּהֵא מְסוּרָה לָכֶם, לַגְּדוֹלִים שֶׁבַּדּוֹר כְּמוֹתְכֶם. וְאֵין הֲלָכָה כְּרַבִּי שִׁמְעוֹן.

גם משנה זו דנה בדיני עדות החודש. לדעת תנא קמא, כדי שהעדות תתקבל, צריכים להיות שני עדים כשרים שאינם קרובי משפחה זה לזה, והמשנה מביאה מעשה על כך.

אָב וּבְנוֹ שֶׁרָאוּ אֶת הַחֹדֶשׁ - את חידוש הירח, **יֵלְכוּ** יחד לבית הדין להעיד על כך.

לֹא שֶׁמִּצְטָרְפִין זֶה עִם זֶה, שכן ההלכה היא שקרובי משפחה אינם יכולים להצטרף לעדות יחד (משנה סנהדרין ג, ד), **אֶלָּא** ילכו כדי **שֶׁאִם יִפָּסֵל אֶחָד מֵהֶן - יִצְטָרֵף הַשֵּׁנִי**, שעדותו כשרה, **עִם** אדם **אַחֵר** שהגיע להעיד ועדותו כשרה.

את העדים בודקים בית הדין, כמבואר להלן (ב, ו), ויש חשש שהעדות תיפסל בבדיקה (רש"י).

רַבִּי שִׁמְעוֹן אוֹמֵר: אָב וּבְנוֹ וְכָל הַקְּרוֹבִין כְּשֵׁרִין לְעֵדוּת הַחֹדֶשׁ – רבי שמעון חולק על תנא קמא, ולדעתו קרובי משפחה מצטרפים כדי להעיד על חידוש הירח, אף שלשאר עדויות הם פסולים. רבי שמעון דרש מהפסוקים (שמות יב, א–ב) שמשה ואהרן, שהיו אחים, היו כשרים להעיד יחד עדות החודש, ותנא קמא חולק על דרשה זו (גמרא כב, א).

רבי יוסי מביא מעשה שממנו לומדים שקרובים פסולים לעדות החודש אך גר כשר לה. העבד הנידון במשנה הוא עבד כנעני כלומר גוי הקנוי לישראל, וכאשר הוא משתחרר הוא נהיה גר.

אָמַר רַבִּי יוֹסֵי: מַעֲשֶׂה בְּטוֹבִיָּה הָרוֹפֵא שֶׁרָאָה אֶת הַחֹדֶשׁ בִּירוּשָׁלַיִם עם שניים נוספים: **הוּא וּבְנוֹ וְעַבְדּוֹ מְשֻׁחְרָר. וְקִבְּלוּ הַכֹּהֲנִים,** בית דין של הכוהנים, שהיו דנים בענייני הכהונה והמקדש (ראה שו"ת בית מרדכי ב, יג), **אוֹתוֹ וְאֶת בְּנוֹ, וּפָסְלוּ אֶת עַבְדּוֹ** – בית הדין של הכוהנים סברו כרבי שמעון, שקרובי משפחה כשרים לעדות החודש, אך לדעתם עבד משוחרר פסול, כי הוא גר ואין לו ייחוס משפחתי.

וּכְשֶׁבָּאוּ לִפְנֵי בֵּית דִּין הגדול – **קִבְּלוּ אוֹתוֹ וְאֶת עַבְדּוֹ וּפָסְלוּ אֶת בְּנוֹ** – כתנא קמא, שקרובי משפחה פסולים לעדות החודש, אך גרים כשרים לה, אף שאין להם ייחוס משפחתי.

ח **אֵלּוּ הֵן הַפְּסוּלִין:**
הַמְשַׂחֵק בְּקֻבְיָא, וּמַלְוֵי בְּרִבִּית,
וּמַפְרִיחֵי יוֹנִים, וְסוֹחֲרֵי שְׁבִיעִית, וַעֲבָדִים.

זֶה הַכְּלָל:
כָּל עֵדוּת שֶׁאֵין הָאִשָּׁה כְּשֵׁרָה לָהּ - אַף הֵן אֵינָן כְּשֵׁרִים לָהּ.

רבי עובדיה מברטנורה

מְשַׂחֲקִים בְּקֻבְיָא - עֲצָמוֹת שֶׁמְּשַׂחֲקִים בָּהֶן בְּעֵרָבוֹן. וַאֲמוּר רַבָּנָן אַסְמַכְתָּא לֹא קַנְיָא, וַהֲרֵי הֵן גַּזְלָנִים מִדְּרַבָּנָן. **וּמַלְוֵי בְּרִבִּית** - לֹא קָרוּי גַּזְלָן דְּאוֹרָיְתָא לְמִפְסְלֵהּ, דְּהָא מִנַּפְשֵׁיהּ יָהֵיב לֵיהּ. **מַפְרִיחֵי יוֹנִים** - הַיְנוּ כְּעֵין קֻבְיָא, אִם תַּקְדְּמֵיהּ יוֹנָךְ לְיוֹנִי. **וְסוֹחֲרֵי שְׁבִיעִית** - עוֹשִׂין סְחוֹרָה בְּפֵרוֹת שְׁבִיעִית, וְרַחֲמָנָא אָמַר (ויקרא כה, ו): "לְאָכְלָה" - וְלֹא לִסְחוֹרָה. וּלְפִי שֶׁנֶּחְשְׁדוּ כָּל אֵלּוּ לַעֲבֹר עַל דָּת מֵחֲמַת מָמוֹן - חֲשָׁדוּם לִהְיוֹת מְעִידִים שֶׁקֶר עַל שֹׁחַד. **וְהָעֲבָדִים** - פְּסוּלִים דְּאוֹרָיְתָא הֵם, קַל וָחֹמֶר מֵאִשָּׁה.

עֵדוּת שֶׁאֵין הָאִשָּׁה כְּשֵׁרָה לָהּ - לְפִי שֶׁיֵּשׁ עֵדוּת שֶׁהָאִשָּׁה כְּשֵׁרָה, כְּגוֹן לְהָעִיד לְאִשָּׁה שֶׁמֵּת בַּעֲלָהּ לְהַתִּירָהּ לְנָשֵׂא לְזָרִים, וְכֵן לְהָעִיד עַל סוֹטָה שֶׁנִּטְמֵאת שֶׁלֹּא תִּשְׁתֶּה. וְהָנָךְ פְּסוּלִין דְּרַבָּנָן - נָמֵי כְּשֵׁרִים. אֲבָל פְּסוּלִין בַּעֲבֵרָה מִן הַתּוֹרָה - לֹא הִכְשִׁירוּ חֲכָמִים בְּעֵדוּת הָאִשָּׁה, וְאַף עַל פִּי שֶׁהִכְשִׁירוּ הָעֶבֶד וְהָאִשָּׁה, שֶׁהֵן פְּסוּלִים לְעֵדוּת מִן הַתּוֹרָה.

אחר שבמשנה הקודמת התבאר הפסול של הקרובים והעבדים המשוחררים, משנה זו דנה באנשים שחכמים פסלו אותם לעדות מחמת עברה, ואינה דנה בפסולים מן התורה (מלבד העבדים). משנה זו נשנתה גם בסנהדרין (ג, ג).

אֵלּוּ הֵן הַפְּסוּלִין לעדות, מדברי חכמים:

הַמְשַׂחֵק בְּקֻבְיָא - משחק הימורים, שהמפסיד מתחייב לשלם כסף, וכיוון שהשחקן חושב שינצח וירוויח, הוא אינו מתכוון באמת להתחייבות זו, ויש כאן גזל מדברי חכמים.

וּמַלְוֵי בְּרִבִּית - המלווה והלווה בריבית פסולים לעדות. אף שהלוואה בריבית נעשית בהסכמת שני הצדדים (רש"י כב, א), ולכן לפעמים הדבר אינו נתפס אצל אנשים כאיסור, חכמים פסלו את אלו לעדות שמא ישקרו בעדות בעבור כסף או שוחד (תוספות).

וּמַפְרִיחֵי יוֹנִים – תחרות תעופה בין יונים, ומשתתפי המשחק מהמרים על כסף.

וְסוֹחֲרֵי שְׁבִיעִית – אסור לסחור בפירות הקדושים בקדושת שביעית כי התורה התירה אותם ל"אכילה" ולא ל"סחורה" (ראה משנה סוכה ג, יא), והסוחר בהם למרות האיסור פסול מדברי חכמים שמא ישקר בעדותו בעבור כסף או שוחד.

לדעת רבי יהודה, כל אלו פסולים דווקא אם אין להם פרנסה אחרת וכל עיסוקם הוא במלאכות מגונות אלו (משנה סנהדרין ג, ג).

וַעֲבָדִים כנענים – גויים הקנויים ישראל, ודינם הוא שהם פטורים ממצוות עשה שהזמן גרמן ופסולים לעדות מן התורה.

זֶה הַכְּלָל: כָּל עֵדוּת שֶׁאֵין הָאִשָּׁה כְּשֵׁרָה לָהּ, כפי שלמדו חכמים מהפסוק (דברים יט, יז): "ועמדו שני האנשים" – אנשים ולא נשים, שאינן באות לדין (משנה וגמרא שבועות ל, א). **אַף הֵן** – המנויים במשנתנו, **אֵינָן כְּשֵׁרִים לָהּ**. ישנן עדויות שנשים כשרות להן, ואף אלו כשרים להן, כגון להעיד על אשת איש שמת בעלה והיא מותרת להינשא.

ט מִי שֶׁרָאָה אֶת הַחֹדֶשׁ וְאֵינוֹ יָכוֹל לְהַלֵּךְ -
מוֹלִיכִין אוֹתוֹ עַל הַחֲמוֹר, אֲפִלּוּ בְּמִטָּה.
וְאִם צוֹדֶה לָהֶם - לוֹקְחִין בְּיָדָם מַקְלוֹת.
וְאִם הָיְתָה דֶּרֶךְ רְחוֹקָה - לוֹקְחִין בְּיָדָם מְזוֹנוֹת.
שֶׁעַל מַהֲלַךְ לַיְלָה וָיוֹם מְחַלְּלִין אֶת הַשַּׁבָּת וְיוֹצְאִין לְעֵדוּת הַחֹדֶשׁ,
שֶׁנֶּאֱמַר (ויקרא כג, ד): "אֵלֶּה מוֹעֲדֵי ה'... אֲשֶׁר תִּקְרְאוּ אֹתָם בְּמוֹעֲדָם".

רבי עובדיה מברטנורה

וְאִם צוֹדֶה לָהֶם - אוֹרֵב. כְּמוֹ: "וְאַתָּה צוֹדֶה אֶת נַפְשִׁי לְקַחְתָּהּ" (שמואל א כד, יא).

שֶׁנֶּאֱמַר: "אֵלֶּה מוֹעֲדֵי ה'" - וְכָל מָקוֹם שֶׁנֶּאֱמַר "מוֹעֵד", "בְּמוֹעֲדוֹ" - דּוֹחֶה אֶת הַשַּׁבָּת.

משנה זו מפרטת כיצד מחללים את השבת כדי להביא את העדים לבית דין להעיד על חידוש הירח.

מִי שֶׁרָאָה אֶת הַחֹדֶשׁ חידוש הירח **וְאֵינוֹ יָכוֹל לְהַלֵּךְ** מפני זקנה, חולשה או מחלה, **מוֹלִיכִין אוֹתוֹ עַל הַחֲמוֹר** אף בשבת, **אֲפִלּוּ בְּמִטָּה.** בשבת יש איסור לטלטל ברשות הרבים (משנה שבת יא, ג) וכן לצאת מתחום העיר (ראה משנה עירובין פרק ד), אף על פי כן מוליכים את העד למקום בית הדין.

וְאִם חוששים שמא בדרך יהיה **צוֹדֶה לָהֶם** – מלשון ציד, כלומר שיש חשש שאורב יפגע בהם, **לוֹקְחִין בְּיָדָם מַקְלוֹת** כדי להגן על עצמם מפני האורב.

וְאִם הָיְתָה דֶּרֶךְ רְחוֹקָה לבית הדין – **לוֹקְחִין בְּיָדָם מְזוֹנוֹת** אף בשבת, כדי שיוכלו לאכול בדרך.

שֶׁעַל מַהֲלַךְ לַיְלָה וָיוֹם מְחַלְּלִין אֶת הַשַּׁבָּת וְיוֹצְאִין לְעֵדוּת הַחֹדֶשׁ – ההיתר שלמדו חכמים לחלל את השבת הוא דווקא אם העדים יכולים להגיע בשבת עצמה לבית הדין, ובית הדין יקדשו את החודש בזמנו. אך אם יגיעו במוצאי שבת, לא תועיל העדות, וגם מבלי עדותם החודש יתקדש למחרת.

ומניין דרשו שמחללים שבת לקידוש החודש? **שֶׁנֶּאֱמַר: "אֵלֶּה מוֹעֲדֵי ה'... אֲשֶׁר תִּקְרְאוּ אֹתָם בְּמוֹעֲדָם"**, ודרשו "במועדם – ואפילו בשבת", כלומר התורה הזהירה שיקדשו את החודש בזמנו, ומותר לחלל את השבת בשביל זה (רש"י כא, ב).

פרק שני

גם פרק זה דן בקידוש החודש, ומובאות שתי תקנות שנעשו מפני הכופרים והמתנגדים לחכמים שניסו לקלקל את קידוש החודש, וכן כיצד הייתה נעשית ההכרזה על קידוש החודש באמצעות הדלקת המשואות בהרים (לפני תקנת השלוחים). בהמשך מובאת תקנה נוספת שנועדה לחזק את האנשים לבוא ולהעיד, ומבואר כיצד היו בודקים את העדים ומקדשים את החודש.

א **אִם אֵינָן מַכִּירִין אוֹתוֹ - מְשַׁלְּחִין אַחֵר עִמּוֹ לְהַעִידוֹ.**

בָּרִאשׁוֹנָה הָיוּ מְקַבְּלִין עֵדוּת הַחֹדֶשׁ מִכָּל אָדָם. מִשֶּׁקִּלְקְלוּ הַמִּינִין, הִתְקִינוּ שֶׁלֹּא יְהוּ מְקַבְּלִין אֶלָּא מִן הַמַּכִּירִים.

רבי עובדיה מברטנורה

אִם אֵינָן מַכִּירִין אוֹתוֹ – אִם אֵין בֵּית דִּין מַכִּירִין אֶת הָעֵד אִם נֶאֱמָן וְכָשֵׁר הוּא. **מְשַׁלְּחִין** – בֵּית דִּין שֶׁבְּעִירוֹ. **אַחֵר עִמּוֹ** – זוּג אַחֵר שֶׁל עֵדִים, לְהָעִיד עָלָיו לִפְנֵי בֵּית דִּין הַגָּדוֹל שֶׁמְּקַדְּשִׁים אֶת הַחֹדֶשׁ. **מִשֶּׁקִּלְקְלוּ הַמִּינִין** – שֶׁשָּׂכְרוּ עֵדֵי שֶׁקֶר לְהַטְעוֹת אֶת הַחֲכָמִים.

משנה זו דנה בדיני עדות החודש, ומלמדת על תקנת חכמים שנתקנה בעקבות קלקול הכופרים.

אִם הדיינים **אֵינָן מַכִּירִין אוֹתוֹ,** את העד, בית הדין שבעירו **מְשַׁלְּחִין** אדם **אַחֵר עִמּוֹ** כדי **לְהַעִידוֹ** – להעיד עליו שהוא כשר ונאמן.

בָּרִאשׁוֹנָה, הדיינים **הָיוּ מְקַבְּלִין עֵדוּת הַחֹדֶשׁ מִכָּל אָדָם** מישראל מבלי לבדוק אותו, כי לכל אדם יש חזקת כשרות.

מִשֶּׁקִּלְקְלוּ הַמִּינִין – הכופרים בתורה שבעל פה שחלקו על סמכות החכמים לקבוע את ראשי החודשים, היו שוכרים עדי שקר כדי להטעות את הדיינים ולשבש את קידוש החודש. ולכן **הִתְקִינוּ** חכמים **שֶׁלֹּא יְהוּ מְקַבְּלִין** עדות **אֶלָּא מִן הַמַּכִּירִים** – אנשים שידועים בכשרותם ונאמנותם.

ב בָּרִאשׁוֹנָה הָיוּ מַשִּׂיאִין מַשּׂוּאוֹת, מִשֶּׁקִּלְקְלוּ הַכּוּתִים - הִתְקִינוּ שֶׁיְּהוּ שְׁלוּחִין יוֹצְאִין.

רבי עובדיה מברטנורה

הָיוּ מַשִּׂיאִין מַשּׂוּאוֹת - לְאַחַר שֶׁקִּדְּשׁוּ הַחֹדֶשׁ. וְלֹא הָיוּ צְרִיכִין לִשְׂכֹּר שְׁלוּחִין לִשְׁלֹחַ לַגּוֹלָה וּלְהוֹדִיעַ, שֶׁהַמַּשּׂוּאוֹת הָיוּ מוֹדִיעִין אוֹתָן.
מִשֶּׁקִּלְקְלוּ הַכּוּתִים - וְהִשִּׂיאוּ גַּם הֵם מַשּׂוּאוֹת שֶׁלֹּא בַּזְּמַן, לְהַטְעוֹת. לְפִי שֶׁבֵּית דִּין לֹא הָיוּ מַשִּׂיאִין מַשּׂוּאוֹת אֶלָּא עַל הַחֹדֶשׁ שֶׁנִּתְקַדֵּשׁ בְּיוֹם שְׁלֹשִׁים, וּכְשֶׁלֹּא הָיוּ מַשִּׂיאִין לָעֶרֶב שֶׁל יוֹם שְׁלֹשִׁים - הַכֹּל יוֹדְעִים שֶׁהַחֹדֶשׁ מְעֻבָּר. וּפַעַם אַחַת עִבְּרוּ בֵּית דִּין אֶת הַחֹדֶשׁ וְלֹא עָשׂוּ מַשּׂוּאוֹת לָעֶרֶב שֶׁל יוֹם שְׁלֹשִׁים, וְהַכּוּתִים הִשִּׂיאוּ בֶּהָרִים שֶׁלָּהֶם וְהִטְעוּ בְּנֵי הַגּוֹלָה לַעֲשׂוֹתוֹ חָסֵר.

משנה זו מלמדת על תקנה נוספת שהתקינו בעקבות הפעולות של המתנגדים להם. הכותים הם אלה שבאו מארץ 'כותה' (ראה מלכים ב יז, כד), ונקראים גם שומרונים, הם היו גֵרים וחכמים חקרו וראו שאינם שומרים את התורה. במשנה זו מתואר הניסיון שלהם לפגוע בקביעת החודשים.

בָּרִאשׁוֹנָה הָיוּ מַשִּׂיאִין מַשּׂוּאוֹת - כדי להודיע לכל המקומות שבית דין קידשו את החודש היו מדליקים לפידי אש במקומות גבוהים, כמתואר להלן (משניות ג-ד).

מִשֶּׁקִּלְקְלוּ הַכּוּתִים - והיו מדליקים לפידי אש בלי שקידשו את החודש כדי להטעות ולבלבל את העם, **הִתְקִינוּ** חכמים שלא יסמכו על המשואות, אלא **שֶׁיְּהוּ שְׁלוּחִין יוֹצְאִין** למקומות הרחוקים להודיע מתי קידשו את החודש.

ג **כֵּיצַד הָיוּ מַשִּׂיאִין מַשּׂוּאוֹת? מְבִיאִין כְּלֻנְסָאוֹת שֶׁל אֶרֶז אֲרֻכִּין, וְקָנִים וַעֲצֵי שֶׁמֶן וּנְעֹרֶת שֶׁל פִּשְׁתָּן - וְכוֹרֵךְ בִּמְשִׁיחָה וְעוֹלֶה לְרֹאשׁ הָהָר וּמַצִּית בָּהֶן אֶת הָאוּר וּמוֹלִיךְ וּמֵבִיא וּמַעֲלֶה וּמוֹרִיד, עַד שֶׁהוּא רוֹאֶה אֶת חֲבֵרוֹ שֶׁהוּא עוֹשֶׂה כֵּן בְּרֹאשׁ הָהָר הַשֵּׁנִי. וְכֵן בְּרֹאשׁ הָהָר הַשְּׁלִישִׁי.**

רבי עובדיה מברטנורה

כְּלֻנְסָאוֹת - עֵצִים אֲרֻכִּים וּגְבוֹהִים. תַּרְגּוּם "נֵס" (במדבר כא, ח ורש"י שם) - "כְּלוֹנָס". כְּדֵי שֶׁיֵּרָאוּ לְמֵרָחוֹק. **וְקָנִים וַעֲצֵי שֶׁמֶן וּנְעֹרֶת שֶׁל פִּשְׁתָּן** - כָּל אֵלּוּ מַרְבִּים שַׁלְהֶבֶת.

משנה זו מבארת כיצד היו משיאים משואות מתחילה כדי להודיע לכל המקומות שבית דין קידשו את החודש. בשלב מאוחר יותר התקינו חכמים שלא יסמכו על המשואות, כמבואר במשנה הקודמת.

כֵּיצַד הָיוּ מַשִּׂיאִין מַשּׂוּאוֹת באופן שהאש תהיה גדולה ותֵראה גם במקומות הרחוקים?

מְבִיאִין כְּלֻנְסָאוֹת שֶׁל אֶרֶז אֲרֻכִּין – מוטות ארוכים מעץ ארז, שהוא עץ קשה ודולק זמן רב (תפארת ישראל).

וְקָנִים – מקלות דקים, **וַעֲצֵי שֶׁמֶן** – יש מזהים עץ זה עם עץ האורן (י' פליקס, עולם הצומח, עמ' 88). **וּנְעֹרֶת שֶׁל פִּשְׁתָּן** – שברי גבעולי הפשתן. חומרים אלו דליקים ובעירתם גורמת להפצת אור רב.

וְכוֹרֵךְ את כל אלו בִּמְשִׁיחָה – בחבל, וְעוֹלֶה לְרֹאשׁ הָהָר וּמַצִּית בָּהֶן אֶת הָאוּר – האש.

וּמוֹלִיךְ וּמֵבִיא וּמַעֲלֶה וּמוֹרִיד – על ידי הנענוע של הלפיד הבוער היו מבינים שזו המשואה המסמלת את קידוש החודש ולא מדורה סתמית או אור של כוכב (ירושלמי ב, ב).

המנענע את הלפיד היה עושה כך עַד שֶׁהוּא רוֹאֶה אֶת חֲבֵרוֹ שֶׁהוּא עוֹשֶׂה כֵּן בְּרֹאשׁ הָהָר הַשֵּׁנִי, וְכֵן השני היה ממשיך עד שרואה את חברו שעמד בְּרֹאשׁ הָהָר הַשְּׁלִישִׁי, וכן הלאה, כמבואר במשנה הבאה.

ד וּמֵאַיִן הָיוּ מַשִּׂיאִין מַשּׂוּאוֹת?
מֵהַר הַמִּשְׁחָה לְסַרְטְבָא,
וּמִסַּרְטְבָא לְגְרוֹפִינָא,
וּמִגְּרוֹפִינָא לְחַוְרָן,
וּמֵחַוְרָן לְבֵית בִּלְתִּין,
וּמִבֵּית בִּלְתִּין לֹא זָזוּ מִשָּׁם,
אֶלָּא מוֹלִיךְ וּמֵבִיא וּמַעֲלֶה וּמוֹרִיד,
עַד שֶׁהָיָה רוֹאֶה כָּל הַגּוֹלָה לְפָנָיו
כִּמְדוּרַת הָאֵשׁ.

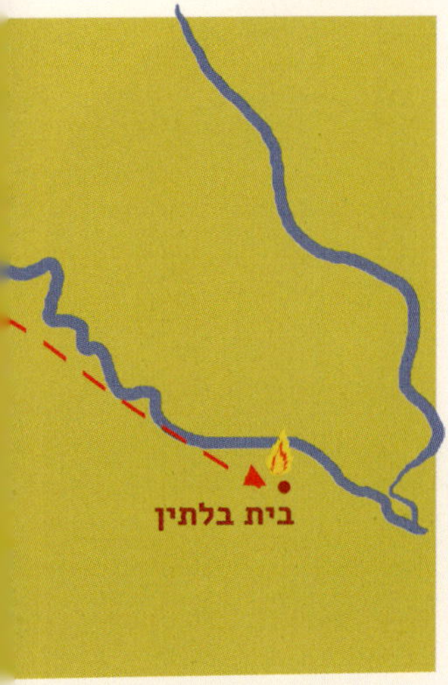

רבי עובדיה מברטנורה

מֵהַר הַמִּשְׁחָה – הַר הַזֵּיתִים, שֶׁהוּא נֶגֶד יְרוּשָׁלַיִם בְּמִזְרָחָהּ. **כָּל הַגּוֹלָה** – בְּנֵי בָּבֶל. **כִּמְדוּרַת אֵשׁ** – שֶׁכָּל אֶחָד וְאֶחָד נוֹטֵל אֲבוּקָה וּמַעֲלֶה לְרֹאשׁ גַּגּוֹ.

גם משנה זו מתארת את השאת המשואות.

וּמֵאַיִן הָיוּ מַשִּׂיאִין מַשּׂוּאוֹת – היכן היו מדליקים את הלפידים?

מֵהַר הַמִּשְׁחָה לְסַרְטְבָא, וּמִסַּרְטְבָא לְגְרוֹפִינָא, וּמִגְּרוֹפִינָא לְחַוְרָן, וּמֵחַוְרָן לְבֵית בִּלְתִּין – התחילו בהר המשחה שהוא הר הזיתים, בסמיכות לבית הדין שבירושלים, עד שראו זאת במקום הנקרא סרטבא, הנמצא בבקעת הירדן, ומשם לגרפינא, הנמצאת צפונית לסרטבא, ומשם להר חורן, הנמצא מזרחית לנהר הירדן, ומשם המשיכו בהרים נוספים עד בית בלתין הסמוך לנהר פרת (גמרא כג, א-ב). ובסך הכול המרחק מבית הדין עד לבית בלתין היה כ-620 קילומטר.

וּמִבֵּית בִּלְתִּין לֹא זָזוּ מִשָּׁם, אֶלָּא מוֹלִיךְ וּמֵבִיא וּמַעֲלֶה וּמוֹרִיד את הלפיד, **עַד שֶׁהָיָה רוֹאֶה כָּל הַגּוֹלָה**, היהודים שגרו בבבל, **לְפָנָיו כִּמְדוּרַת הָאֵשׁ** – כל אחד שראה את המשואה היה עולה לגגו ומדליק לפיד. בתוספתא (א, יז) מובאים מקומות נוספים בין תחנות אלו שגם בהם היו משיאים משואות. וכפי הנראה, נוסף לאלו היו מדליקים בשאר הערים שבסביבות קו המשואות כשראו את המשואות שבראשי ההרים (שפת אמת כג, ב).

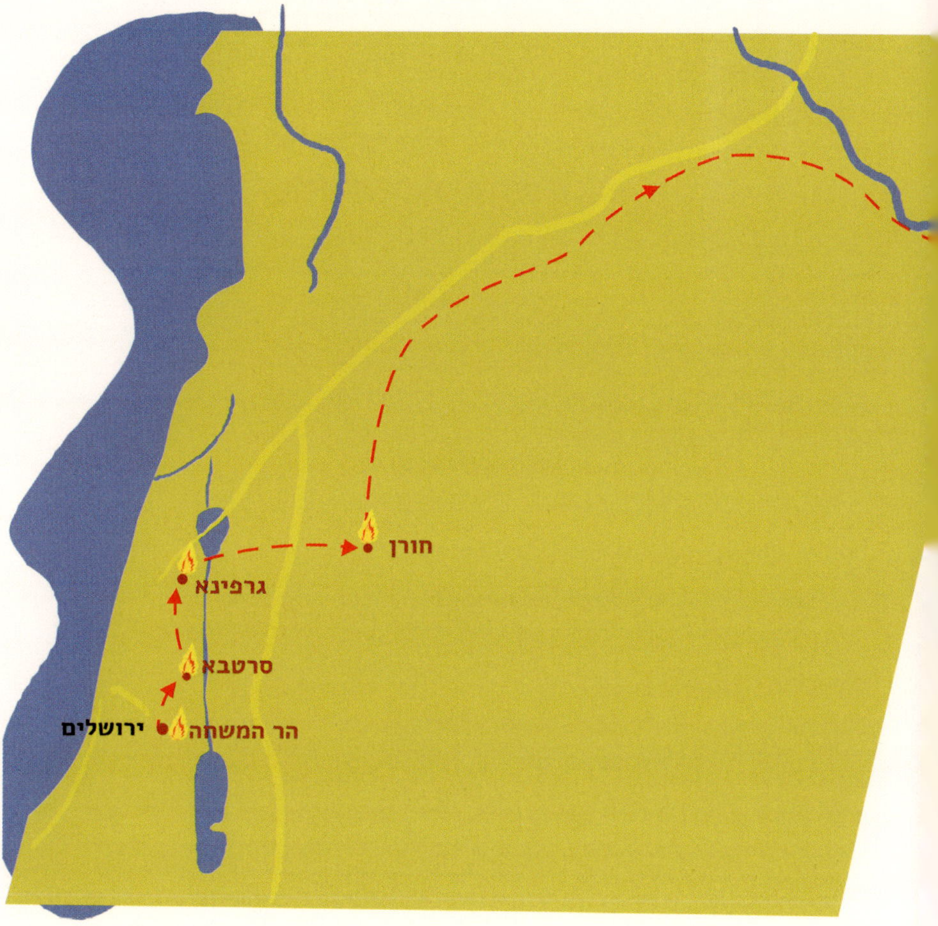
חורן
גרפינא
סרטבא
ירושלים
הר המשחה

ה חָצֵר גְּדוֹלָה הָיְתָה בִירוּשָׁלַיִם, וּבֵית יַעְזֵק הָיְתָה נִקְרֵאת,
וּלְשָׁם כָּל הָעֵדִים מִתְכַּנְּסִים, וּבֵית דִּין בּוֹדְקִין אוֹתָם שָׁם.
וּסְעוּדוֹת גְּדוֹלוֹת עוֹשִׂין לָהֶם, בִּשְׁבִיל שֶׁיְּהוּ רְגִילִין לָבֹא.

בָּרִאשׁוֹנָה לֹא הָיוּ זָזִין מִשָּׁם כָּל הַיּוֹם,
הִתְקִין רַבָּן גַּמְלִיאֵל הַזָּקֵן
שֶׁיְּהוּ מְהַלְּכִין אַלְפַּיִם אַמָּה לְכָל רוּחַ.

וְלֹא אֵלּוּ בִּלְבַד,
אֶלָּא אַף הַחֲכָמָה הַבָּאָה לְיַלֵּד
וְהַבָּא לְהַצִּיל מִן הַדְּלֵקָה וּמִן הַגַּיִס וּמִן הַנָּהָר וּמִן הַמַּפֹּלֶת –
הֲרֵי אֵלּוּ כְּאַנְשֵׁי הָעִיר, וְיֵשׁ לָהֶם אַלְפַּיִם אַמָּה לְכָל רוּחַ.

רבי עובדיה מברטנורה

לֹא הָיוּ זָזִים מִשָּׁם כָּל הַיּוֹם – הָעֵדִים שֶׁיָּצְאוּ חוּץ לִתְחוּמָן בְּשַׁבָּת וּבָאוּ לְהָעִיד. שֶׁהַיּוֹצֵא חוּץ לַתְּחוּם אֵין לוֹ אֶלָּא אַרְבַּע אַמּוֹת.

משנה זו חוזרת לדון בקבלת העדים בבית הדין בירושלים. נוסף לכך, המשנה מתארת את תקנת רבן גמליאל הזקן שהיוצאים להציל בשבת מותרים ללכת בכל תחום העיר שהגיעו אליה.

חָצֵר גְּדוֹלָה הָיְתָה בִּירוּשָׁלַיִם, וּבֵית יַעְזֵק הָיְתָה נִקְרֵאת, וּלְשָׁם כָּל הָעֵדִים שראו את חידוש הירח **מִתְכַּנְּסִים, וּבֵית דִּין בּוֹדְקִין אוֹתָם שָׁם,** כמבואר במשנה הבאה.

וּסְעוּדוֹת גְּדוֹלוֹת עוֹשִׂין לָהֶם בִּשְׁבִיל שֶׁיְּהוּ רְגִילִין לָבֹא – חכמים רצו להראות לבאים להעיד שהם רצויים ושמחים בהם, כדי שימשיכו לבוא להעיד בפעמים הבאות.

בָּרִאשׁוֹנָה, העדים שבאו בשבת **לֹא הָיוּ זָזִין מִשָּׁם כָּל הַיּוֹם,** כדין היוצא מתחומו בשבת, שאסור לו לזוז מהמקום שאליו הגיע עד צאת השבת (משנה עירובין ד, א). מציאות זו הגבילה את הבאים להעיד, ואנשים לא רצו לבוא להעיד, ולכן **הִתְקִין רַבָּן גַּמְלִיאֵל הַזָּקֵן שֶׁיְּהוּ** העדים שבאו בשבת **מְהַלְּכִין אַלְפַּיִם אַמָּה לְכָל רוּחַ** – לכל כיוון מחוץ לירושלים, כפי שמותר לאנשי ירושלים.

וְלֹא אֵלּוּ בִּלְבַד, אֶלָּא אַף הַחֲכָמָה הַבָּאָה לְיַלֵּד – המיילדת שהגיעה מחוץ לתחום בשבת כדי ליילד אישה, ולידה נחשבת לסכנת נפשות (משנה שבת יח, ג), **וְהַבָּא** מחוץ לתחום **לְהַצִּיל** אדם **מִן הַדְּלֵקָה וּמִן הַגַּיִס** – האויב, **וּמִן הַנָּהָר** – סכנת שיטפון וטביעה, **וּמִן הַמַּפֹּלֶת** – בכל אלו יש סכנת נפשות, והתירו להם לחלל שבת כדי להציל אחרים, ולכן אחר שיצאו מן התחום בשביל להציל, **הֲרֵי אֵלּוּ כְּאַנְשֵׁי הָעִיר, וְיֵשׁ לָהֶם**, מותר להם ללכת, **אַלְפַּיִם אַמָּה לְכָל רוּחַ** – לכל כיוון מחוץ למקום ההצלה.

ו כֵּיצַד בּוֹדְקִין אֶת הָעֵדִים?
זוּג שֶׁבָּא רִאשׁוֹן - בּוֹדְקִין אוֹתוֹ רִאשׁוֹן.
וּמַכְנִיסִין אֶת הַגָּדוֹל שֶׁבָּהֶן, וְאוֹמְרִים לוֹ:
"אֱמֹר, כֵּיצַד רָאִיתָ אֶת הַלְּבָנָה?
לִפְנֵי הַחַמָּה אוֹ לְאַחַר הַחַמָּה?
לִצְפוֹנָהּ אוֹ לִדְרוֹמָהּ?
כַּמָּה הָיָה גָּבוֹהַּ וּלְאַיִן הָיָה נוֹטֶה?
וְכַמָּה הָיָה רָחָב?"

אִם אָמַר: "לִפְנֵי הַחַמָּה" - לֹא אָמַר כְּלוּם.

וְאַחַר כָּךְ הָיוּ מַכְנִיסִים אֶת הַשֵּׁנִי וּבוֹדְקִין אוֹתוֹ.
אִם נִמְצְאוּ דִּבְרֵיהֶם מְכֻוָּנִים - עֵדוּתָן קַיֶּמֶת.

וּשְׁאָר כָּל הַזּוּגוֹת שׁוֹאֲלִין אוֹתָם רָאשֵׁי דְּבָרִים,
לֹא שֶׁהָיוּ צְרִיכִין לָהֶן,
אֶלָּא כְּדֵי שֶׁלֹּא יֵצְאוּ בְּפַחֵי נֶפֶשׁ,
בִּשְׁבִיל שֶׁיְּהוּ רְגִילִים לָבֹא.

רבי עובדיה מברטנורה

לִפְנֵי הַחַמָּה אוֹ לְאַחַר הַחַמָּה - פְּגִימָתָהּ שֶׁל לְבָנָה לִפְנֵי הַחַמָּה, נוֹטָה לְצַד הַחַמָּה, אוֹ לְצַד אַחֵר. וַעֲלָהּ קָתָנֵי סֵיפָא: **אִם אָמַר לְצַד הַחַמָּה לֹא אָמַר כְּלוּם**, שֶׁמֵּעוֹלָם לֹא רָאֲתָה חַמָּה פְּגִימָתָהּ שֶׁל לְבָנָה, דִּלְעוֹלָם הַחֵלֶק הַמֵּאִיר מִמֶּנָּה נוֹטֶה לְצַד הַשֶּׁמֶשׁ, וְהַחֵלֶק הַפָּגוּם נוֹטֶה לַצַּד הָאַחֵר.

בִּצְפוֹנָהּ אוֹ בִּדְרוֹמָהּ - שֶׁהַלְּבָנָה מִתְרַחֶקֶת מִן הַשֶּׁמֶשׁ פַּעַם לְצַד צָפוֹן פַּעַם לְצַד דָּרוֹם, וְאִם יָדְעוּ בֵּית דִּין בְּדֶרֶךְ הַחֶשְׁבּוֹן שֶׁבְּאוֹתוֹ זְמַן רְאוּיָה שֶׁתִּהְיֶה לְצַד צָפוֹן, וְאָמְרוּ הָעֵדִים שֶׁרָאוּהָ נוֹטָה לְצַד דָּרוֹם אוֹ אִפְכָא - בְּיָדוּעַ שֶׁעֵדֵי שֶׁקֶר הֵן.

כַּמָּה הָיָה גָּבוֹהַּ - מִן הָאָרֶץ לְפִי רְאוּת עֵינֵיכֶם. אִם אָמַר אֶחָד מִן הָעֵדִים "גָּבוֹהַּ שְׁתֵּי קוֹמוֹת" וְהָאֶחָד אוֹמֵר "שָׁלֹשׁ" - עֵדוּתָן קַיֶּמֶת. אֶחָד אוֹמֵר "שָׁלֹשׁ" וְאֶחָד אוֹמֵר "חָמֵשׁ" - עֵדוּתָן בְּטֵלָה.

וּלְאַיִן הָיָה נוֹטֶה - רָאשֵׁי הַפְּגִימָה לְאֵיזֶה צַד נוֹטִין, לְצַד צָפוֹן אוֹ לְצַד דָּרוֹם.

וְכַמָּה הָיָה רָחָב - שֶׁהַלְּבָנָה, מִשְׁתַּנָּה שִׁעוּרָהּ כְּפִי מַה שֶּׁהִיא רְחוֹקָה מִן הַחַמָּה אוֹ קְרוֹבָה אֵלֶיהָ.

משנה זו מלמדת כיצד בדקו את העדים שבאו להעיד על הירח החדש.

כֵּיצַד בּוֹדְקִין הדיינים **אֶת הָעֵדִים**, לוודא שעדותם נאמנת?

זוּג של שני עדים **שֶׁבָּא רִאשׁוֹן, בּוֹדְקִין אוֹתוֹ רִאשׁוֹן.** את הבדיקה היו עושים לכל עד בנפרד, **וּמַכְנִיסִין אֶת הַגָּדוֹל שֶׁבָּהֶן** להיבדק ראשון, **וְאוֹמְרִים לוֹ: אֱמֹר, כֵּיצַד רָאִיתָ אֶת הַלְּבָנָה?**

לִפְנֵי הַחַמָּה אוֹ לְאַחַר הַחַמָּה? האם הירח הקדים את השמש או שבא אחריה? בתחילת החודש הירח נראה אחרי השמש ולא לפניה.

לפני החמה

לאחר החמה

לִצְפוֹנָהּ אוֹ לִדְרוֹמָהּ? מצפון לשמש (מצד ימין שלה) או לדרומה (צד שמאל שלה)? דבר זה משתנה בין עונות השנה, באביב הירח נוטה לצפון ובסתיו לדרום.

סתיו

◄ צפון ▲ מערב דרום ►

אביב

◄ צפון ▲ מערב דרום ►

כַּמָּה הָיָה גָּבוֹהַּ? מה היה גובה הירח בשעה שראית אותו? בתחילת החודש גובה הירח הוא כ-13° מעל קו האופק.

וּלְאַיִן הָיָה נוֹטֶה? איזה צד שלו היה מואר? בתחילת החודש צד ימין של הירח מואר, ובסוף החודש הצד השמאלי שלו.

וְכַמָּה הָיָה רָחָב? בתחילת החודש מואר רק חלק קטן מאוד מהירח, וככל שמתקרבים לאמצע החודש גדל השטח המואר בירח.

אִם אָמַר: "לִפְנֵי הַחַמָּה" לֹא אָמַר כְּלוּם – מפני שהתברר שלא ראה את הירח אלא עצם אחר שהיה בשמים.

וְאַחַר כָּךְ הָיוּ מַכְנִיסִים אֶת העד **הַשֵּׁנִי וּבוֹדְקִין אוֹתוֹ** כפי שבדקו את הראשון.

אִם נִמְצְאוּ דִבְרֵיהֶם מְכֻוָּנִים – מתאימים אלו לאלו, בלי סתירה, **עֵדוּתָן קַיֶּמֶת.**

וּשְׁאָר כָּל הַזּוּגוֹת שהגיעו להעיד, **שׁוֹאֲלִין אוֹתָם רָאשֵׁי דְבָרִים** – שאלות כלליות ולא פרטים מדויקים. **לֹא שֶׁהָיוּ צְרִיכִין לָהֶן,** שהרי העדות התקיימה בשני העדים ואפשר לקדש את החודש, **אֶלָּא כְּדֵי שֶׁלֹּא יֵצְאוּ בְּפַחֵי נֶפֶשׁ** – בצער ובאכזבה, שטרחו והגיעו לחינם, **בִּשְׁבִיל שֶׁיְּהוּ רְגִילִים לָבֹא** – כדי שימשיכו לבוא להעיד בפעמים הבאות.

ז **רֹאשׁ בֵּית דִּין אוֹמֵר: "מְקֻדָּשׁ!"**
וְכָל הָעָם עוֹנִין אַחֲרָיו: "מְקֻדָּשׁ! מְקֻדָּשׁ!"

בֵּין שֶׁנִּרְאָה בִזְמַנּוֹ בֵּין שֶׁלֹּא נִרְאָה בִזְמַנּוֹ – מְקַדְּשִׁין אוֹתוֹ.
רַבִּי אֶלְעָזָר בַּר צָדוֹק אוֹמֵר:
אִם לֹא נִרְאָה בִזְמַנּוֹ – אֵין מְקַדְּשִׁין אוֹתוֹ,
שֶׁכְּבָר קִדְּשׁוּהוּ שָׁמַיִם.

רבי עובדיה מברטנורה

רֹאשׁ בֵּית דִּין אוֹמֵר: "מְקֻדָּשׁ" – דִּכְתִיב (ויקרא כג, מד): "וַיְדַבֵּר מֹשֶׁה אֶת מוֹעֲדֵי ה'", מִכָּאן שֶׁרֹאשׁ בֵּית דִּין אוֹמֵר: "מְקֻדָּשׁ". **וְכָל הָעָם עוֹנִין אַחֲרָיו** – דִּכְתִיב (שם, ב): "מוֹעֲדֵי ה' אֲשֶׁר תִּקְרְאוּ אֹתָם", קְרֵי בֵּיהּ "אַתֶּם", דְּחָסֵר כְּתִיב, בְּלֹא וָי"ו. **"מְקֻדָּשׁ מְקֻדָּשׁ"** – תְּרֵי זִמְנֵי. דִּכְתִיב (שם, ד): "מִקְרָאֵי קֹדֶשׁ", שְׁנֵי מִקְרָאוֹת. **שֶׁנִּרְאָה בִזְמַנּוֹ** – בְּלֵיל שְׁלֹשִׁים. **אִם לֹא נִרְאָה בִזְמַנּוֹ** – וְקוֹבְעִין רֹאשׁ חֹדֶשׁ לֵיל אֶחָד וּשְׁלֹשִׁים. אֵין מְקַדְּשִׁין אוֹתוֹ. שֶׁקִּדּוּשׁ הַחֹדֶשׁ אֵינָהּ חוֹבָה, דְּאָמַר קְרָא (ויקרא כה, י): "וְקִדַּשְׁתֶּם אֵת שְׁנַת הַחֲמִשִּׁים שָׁנָה", שָׁנִים אַתָּה מְקַדֵּשׁ, שֶׁחוֹבָה עַל בֵּית דִּין לוֹמַר 'מְקֻדֶּשֶׁת הַשָּׁנָה' בִּשְׁנַת הַיּוֹבֵל, וְאֵין אַתָּה מְקַדֵּשׁ חֳדָשִׁים, שֶׁאֵין חוֹבָה עַל בֵּית דִּין לוֹמַר 'הַחֹדֶשׁ מְקֻדָּשׁ'. וּכְשֶׁנִּרְאֶה בִזְמַנּוֹ מְקַדְּשִׁים אוֹתוֹ מִפְּנֵי שֶׁצָּרִיךְ חִזּוּק.
וַהֲלָכָה כְּרַבִּי אֱלִיעֶזֶר בְּרַבִּי צָדוֹק.

משנה זו מתארת כיצד קידשו את החודש בבית הדין לאחר שהתקבלה עדות על חידוש הירח.

חכמים למדו מהפסוקים שצריך לקדש את החודש בדיבור ובהכרזה, על ידי ראש בית הדין, שנאמר (ויקרא כג, מד): "וידבר משה את מועדי ה'", ומשה היה ראש בית הדין. ונוסף לכך צריך הכרזה של העם, שנאמר (שם, ב): "אשר תקראו אֹתָם מקראי קֹדש", ודרשו חכמים: תקראו אַתֶּם, כלומר העם (גמרא כד, א).

רֹאשׁ בֵּית דִּין אוֹמֵר: "מְקֻדָּשׁ!" וְכָל הָעָם עוֹנִין אַחֲרָיו, ומשתתפים בהכרזה: **"מְקֻדָּשׁ! מְקֻדָּשׁ!"**. כפילות ההכרזה נעשתה כדי לחזק ולהדגיש את תוקף הקידוש (ראה משנה מנחות י, ג).

בֵּין שֶׁנִּרְאָה חידוש הירח **בִּזְמַנּוֹ** בליל השלושים, **בֵּין שֶׁלֹּא נִרְאָה בִּזְמַנּוֹ** בליל השלושים, והדין הוא שיום המחרת (31) מתקדש להיות ראש חודש, **מְקַדְּשִׁין אוֹתוֹ** – אף שהחודש מתקדש מאליו, צריכים ראש בית הדין והעם לקרוא "מקודש", כפי הסדר הנזכר.

רַבִּי אֶלְעָזָר בַּר צָדוֹק אוֹמֵר: אִם חידוש הירח **לֹא נִרְאָה בִּזְמַנּוֹ – אֵין מְקַדְּשִׁין אוֹתוֹ**, כיוון **שֶׁכְּבָר קִדְּשׁוּהוּ שָׁמַיִם** – החודש התקדש מאליו ביום השלושים ואחד, כי אי אפשר שחודש יהיה ארוך יותר משלושים ואחד ימים.

ח דְּמוּת צוּרוֹת לְבָנוֹת הָיוּ לוֹ לְרַבָּן גַּמְלִיאֵל, בַּטַּבְלָא וּבַכֹּתֶל בַּעֲלִיָּתוֹ, שֶׁבָּהֶן מַרְאֶה אֶת הַהֶדְיוֹטוֹת וְאוֹמֵר: "הֲכָזֶה רָאִיתָ אוֹ כָזֶה?"

מַעֲשֶׂה שֶׁבָּאוּ שְׁנַיִם וְאָמְרוּ:
"רְאִינוּהוּ שַׁחֲרִית בַּמִּזְרָח וְעַרְבִית בַּמַּעֲרָב".
אָמַר רַבִּי יוֹחָנָן בֶּן נוּרִי: עֵדֵי שֶׁקֶר הֵם!
כְּשֶׁבָּאוּ לְיַבְנֶה קִבְּלָן רַבָּן גַּמְלִיאֵל.

וְעוֹד בָּאוּ שְׁנַיִם וְאָמְרוּ: רְאִינוּהוּ בִּזְמַנּוֹ, וּבְלֵיל עִבּוּרוֹ לֹא נִרְאָה,
וְקִבְּלָן רַבָּן גַּמְלִיאֵל.
אָמַר רַבִּי דּוֹסָא בֶּן הָרְכִּינָס: "עֵדֵי שֶׁקֶר הֵן!
הֵיאָךְ מְעִידִים עַל הָאִשָּׁה שֶׁיָּלְדָה, וּלְמָחָר כְּרֵסָהּ בֵּין שִׁנֶּיהָ?"
אָמַר לוֹ רַבִּי יְהוֹשֻׁעַ: "רוֹאֶה אֲנִי אֶת דְּבָרֶיךָ".

רבי עובדיה מברטנורה

צוּרוֹת לְבָנוֹת - שִׁעוּר הַיָּרֵחַ וּלְאֵיזֶה צַד קַרְנֶיהָ נוֹטוֹת.

קִבְּלָן רַבָּן גַּמְלִיאֵל - לֹא מִפְּנֵי שֶׁחָשַׁב שֶׁאֶפְשָׁר שֶׁתֵּרָאֶה הַיָּרֵחַ שַׁחֲרִית בַּמִּזְרָח בִּתְחִלַּת הָנֵץ הַחַמָּה וּבוֹ בַּיּוֹם עַצְמוֹ תֵּרָאֶה בַּמַּעֲרָב עִם שְׁקִיעַת חַמָּה, כִּי זֶה אִי אֶפְשָׁר. אֶלָּא שֶׁקִּבֵּל עֵדוּתָן בְּמַה שֶּׁאָמְרוּ שֶׁרָאוּ הַיָּרֵחַ בַּמַּעֲרָב עַרְבִית, מִפְּנֵי שֶׁיָּדַע בְּדַרְכֵי הַחֶשְׁבּוֹן שֶׁהָיָה אֶפְשָׁר שֶׁתֵּרָאֶה בְּאוֹתָהּ הַלַּיְלָה. וּבַמֶּה שֶּׁאָמְרוּ שֶׁרָאוּהָ שַׁחֲרִית בַּמִּזְרָח, אָמַר טוֹעִים הֵם, וַעֲנָנִים כִּדְמוּת יָרֵחַ נִרְאָה לָהֶם בָּרָקִיעַ. דְּהָכִי תַּנְיָא בְּבָרַיְתָא (גמרא כה, א): "פַּעַם אַחַת נִתְקַשְּׁרוּ שָׁמַיִם בֶּעָבִים וְנִרְאֲתָה דְּמוּת לְבָנָה בְּעֶשְׂרִים וְתִשְׁעָה לַחֹדֶשׁ וכו'". וְרַבִּי יוֹחָנָן בֶּן נוּרִי דְּאָמַר עֵדֵי שֶׁקֶר הֵם, הָיָה נִרְאָה לוֹ לְפִי חֶשְׁבּוֹנוֹ שֶׁלֹּא הָיָה אֶפְשָׁר שֶׁתֵּרָאֶה הַיָּרֵחַ בְּאוֹתוֹ לַיְלָה שֶׁאָמְרוּ הָעֵדִים שֶׁרָאוּ אוֹתָהּ, וְאָמַר: "עֵדֵי שֶׁקֶר הֵם", לְפִי שֶׁלֹּא הָיָה בֵּין הָרְאִיָּה וּבֵין הַמּוֹלָד לְפִי דַּעְתּוֹ כָּל כָּךְ זְמַן שֶׁיִּהְיֶה אֶפְשָׁר שֶׁתֵּרָאֶה בּוֹ. וְעַל זֶה הֵשִׁיב רַבָּן גַּמְלִיאֵל בְּבָרַיְתָא: "כָּךְ מְקֻבְּלַנִי מִבֵּית אֲבִי אַבָּא, פְּעָמִים בָּא בַּאֲרֻכָּה וּפְעָמִים בָּא בִּקְצָרָה", כְּלוֹמַר שֶׁהַזְּמַן שֶׁיֵּשׁ בֵּין הַמּוֹלָד עַד שֶׁתֵּרָאֶה הַיָּרֵחַ אֵינוֹ שָׁוֶה לְעוֹלָם, אֶלָּא פְּעָמִים תִּהְיֶה תְּנוּעַת הַיָּרֵחַ מְהֵרָה וּפְעָמִים מְאֻחֶרֶת. וּכְפִי מְהִירוּת תְּנוּעַת הַיָּרֵחַ בְּאוֹתוֹ הַזְּמַן דָּן רַבָּן גַּמְלִיאֵל שֶׁהָיָה רָאוּי שֶׁתֵּרָאֶה הַלְּבָנָה בְּאוֹתוֹ הַלַּיְלָה. לְפִיכָךְ קִבֵּל עֵדוּתָן.

רְאִינוּהוּ בִּזְמַנּוֹ - בְּלֵיל שְׁלֹשִׁים. **וּבְלֵיל עִבּוּרוֹ** - לֵיל שְׁלֹשִׁים וְאֶחָד.

וְקִבְּלָן רַבָּן גַּמְלִיאֵל - לֹא מִפְּנֵי שֶׁנֹּאמַר שֶׁנִּתְרַחֲקָה הַיָּרֵחַ מִן הַשֶּׁמֶשׁ בְּלֵיל שְׁלֹשִׁים עַד שֶׁתֵּרָאֶה, וּבְלֵיל שְׁלֹשִׁים וְאֶחָד חָזְרָה לַאֲחוֹרֶיהָ וְנִתְקָרְבָה אֵצֶל הַשֶּׁמֶשׁ עַד שֶׁנִּתְכַּסֵּית, שֶׁאֵין הַיָּרֵחַ חוֹזֶרֶת לַאֲחוֹרֶיהָ, אֶלָּא עוֹשָׂה מַהֲלָכָהּ בִּסְבוּב בְּגַלְגַּלָּהּ. אֶלָּא שֶׁיָּדַע רַבָּן גַּמְלִיאֵל בְּחֶשְׁבּוֹנוֹ שֶׁבְּאוֹתוֹ הַלַּיְלָה שֶׁאָמְרוּ הָעֵדִים שֶׁרָאוּהָ כְּבָר נִתְרַחֲקָה הַיָּרֵחַ מִן הַשֶּׁמֶשׁ עַד שֶׁהָיָה אֶפְשָׁר שֶׁתֵּרָאֶה, לְפִיכָךְ קִבֵּל עֵדוּתָן. וּבַמֶּה שֶּׁאָמְרוּ **בְּלֵיל עִבּוּרוֹ לֹא נִרְאָה** - אֶפְשָׁר שֶׁהָיָה מִפְּנֵי שֶׁכִּסָּה אוֹתוֹ הֶעָנָן אוֹ סִבָּה אַחֶרֶת גָּרְמָה שֶׁהֵם לֹא רָאוּ אוֹתָהּ.

רוֹאֶה אֲנִי אֶת דְּבָרֶיךָ לְעַבֵּר אֶת הַחֹדֶשׁ.

רבן גמליאל היה נשיא הסנהדרין ביבנה (אחר שגלתה הסנהדרין מירושלים) והיה בודק את העדים שבאו להעיד על הירח החדש. משנה זו מתארת כיצד עשה זאת.

דְּמוּת צוּרוֹת לְבָנוֹת – ציורים של הלבנה בגדלים שונים ובכיוונים שונים, **הָיוּ לוֹ לְרַבָּן גַּמְלִיאֵל, בְּטַבְלָא** בלוח **וּבְכֹתֶל בַּעֲלִיָּתוֹ** בקומה העליונה של ביתו, **שֶׁבָּהֶן מַרְאֶה אֶת הַהֶדְיוֹטוֹת** – האנשים הפשוטים שלא ידעו להסביר בעל-פה כהוגן איזו צורה הם ראו (מאירי), **וְאוֹמֵר: "הֲכָזֶה רָאִיתָ אוֹ כָּזֶה?"** כציור זה או כציור זה?

מַעֲשֶׂה שֶׁבָּאוּ שְׁנַיִם להעיד על חידוש הירח **וְאָמְרוּ:**

רְאִינוּהוּ את הירח החדש **שַׁחֲרִית** בבוקר **בַּמִּזְרָח וְעַרְבִית** בערב **בַּמַּעֲרָב.**

אָמַר רַבִּי יוֹחָנָן בֶּן נוּרִי: עֵדֵי שֶׁקֶר הֵם! שכן בתחילת החודש הירח אינו נראה בבוקר אלא מיד אחרי שקיעת השמש.

כְּשֶׁבָּאוּ עדים אלו **לְיַבְנֶה קִבְּלָן רַבָּן גַּמְלִיאֵל** – קיבל את עדותם, כיוון שסבר שמה שראו בערב היה הירח האמיתי, ועדות הבוקר הייתה בטעות וכנראה ראו עצם אחר בשמים.

וְעוֹד מעשה, ש**בָּאוּ שְׁנַיִם** להעיד על חידוש הירח **וְאָמְרוּ: רְאִינוּהוּ בִּזְמַנּוֹ** – בליל השלושים, ועל פיהם קידשו את החודש. **וּבְלֵיל עִבּוּרוֹ,** בליל השלושים ואחד, העם המתין לראות בגלוי את הירח אך הוא **לֹא נִרְאָה, וְקִבְּלָן רַבָּן גַּמְלִיאֵל,** ולא התחרט על קידוש יום השלושים (תפארת ישראל).

אָמַר רַבִּי דּוֹסָא בֶּן הַרְכִּינַס: עֵדֵי שֶׁקֶר הֵן! הֵיאָךְ מְעִידִים עַל הָאִשָּׁה שֶׁיָּלְדָה, וּלְמָחָר כְּרֵסָהּ בֵּין שִׁנֶּיהָ? כשם שאחר הלידה לא ייתכן שבטן האישה תהיה ניכרת וגדולה כמו לפני הלידה – כך לא ייתכן שאחר שהתחדש הירח לא יראו אותו. **אָמַר לוֹ רַבִּי יְהוֹשֻׁעַ** לרבי דוסא: **רוֹאֶה אֲנִי אֶת דְּבָרֶיךָ,** שצריך לבטל את הקידוש שהיה על פי עדות שקר, וראש החודש יהיה ביום שלושים ואחד.

המשך המעשה מבואר במשנה הבאה.

ט שָׁלַח לוֹ רַבָּן גַּמְלִיאֵל:
"גּוֹזְרַנִי עָלֶיךָ שֶׁתָּבֹא אֶצְלִי בְּמַקֶּלְךָ וּבְמָעוֹתֶיךָ בְּיוֹם הַכִּפּוּרִים שֶׁחָל לִהְיוֹת בְּחֶשְׁבּוֹנְךָ".

הָלַךְ וּמְצָאוֹ רַבִּי עֲקִיבָא מֵצֵר.
אָמַר לוֹ: "יֵשׁ לִי לִלְמוֹד שֶׁכָּל מַה שֶּׁעָשָׂה רַבָּן גַּמְלִיאֵל עָשׂוּי,
שֶׁנֶּאֱמַר (ויקרא כג, ד): 'אֵלֶּה מוֹעֲדֵי ה' מִקְרָאֵי קֹדֶשׁ אֲשֶׁר תִּקְרְאוּ אֹתָם'.
בֵּין בִּזְמַנָּן בֵּין שֶׁלֹּא בִּזְמַנָּן, אֵין לִי מוֹעֲדוֹת אֶלָּא אֵלּוּ".

בָּא לוֹ אֵצֶל רַבִּי דּוֹסָא בֶּן הַרְכִּינַס,
אָמַר לוֹ: "אִם בָּאִין אָנוּ לָדוּן אַחַר בֵּית דִּינוֹ שֶׁל רַבָּן גַּמְלִיאֵל,
צְרִיכִין אָנוּ לָדוּן אַחַר כָּל בֵּית דִּין וּבֵית דִּין שֶׁעָמַד מִימוֹת מֹשֶׁה וְעַד עַכְשָׁיו, שֶׁנֶּאֱמַר (שמות כד, ט):
'וַיַּעַל מֹשֶׁה וְאַהֲרֹן נָדָב וַאֲבִיהוּא וְשִׁבְעִים מִזִּקְנֵי יִשְׂרָאֵל'.
וְלָמָּה לֹא נִתְפָּרְשׁוּ שְׁמוֹתָן שֶׁל זְקֵנִים?
אֶלָּא לְלַמֵּד שֶׁכָּל שְׁלֹשָׁה וּשְׁלֹשָׁה שֶׁעָמְדוּ בֵּית דִּין עַל יִשְׂרָאֵל
הֲרֵי הוּא כְּבֵית דִּינוֹ שֶׁל מֹשֶׁה".

נָטַל מַקְלוֹ וּמְעוֹתָיו בְּיָדוֹ וְהָלַךְ לְיַבְנֶה אֵצֶל רַבָּן גַּמְלִיאֵל
בְּיוֹם שֶׁחָל יוֹם הַכִּפּוּרִים לִהְיוֹת בְּחֶשְׁבּוֹנוֹ.
עָמַד רַבָּן גַּמְלִיאֵל וּנְשָׁקוֹ עַל רֹאשׁוֹ, אָמַר לוֹ:
"בּוֹא בְּשָׁלוֹם, רַבִּי וְתַלְמִידִי!
רַבִּי בְּחָכְמָה, וְתַלְמִידִי שֶׁקִּבַּלְתָּ אֶת דְּבָרַי".

רבי עובדיה מברטנורה

הָלַךְ וּמְצָאוֹ רַבִּי עֲקִיבָא לְרַבִּי יְהוֹשֻׁעַ **מֵצֵר** עַל שֶׁהַנָּשִׂיא גָּזַר עָלָיו לְחַלֵּל אֶת יוֹם הַכִּפּוּרִים.

"אֲשֶׁר תִּקְרְאוּ" – בִּקְרִיאַת בֵּית דִּין תְּלָאוֹ הַכָּתוּב.

בָּא רַבִּי יְהוֹשֻׁעַ אֵצֶל רַבִּי דּוֹסָא.

לָמָּה לֹא נִתְפָּרְשׁוּ שְׁמוֹתָן וכו' – שֶׁאִם יָבֹא אָדָם לָדוּן אַחַר בֵּית דִּין שֶׁבְּיָמָיו לוֹמַר: וְכִי בֵּית דִּין זֶה כְּמֹשֶׁה וְאַהֲרֹן אוֹ כְּאֶלְדָּד וּמֵידָד? אוֹמְרִים לוֹ: שֶׁמָּא חָשׁוּב הוּא כְּאוֹתָן שֶׁנִּשְׁאֲרוּ שֶׁלֹּא נִתְפָּרְשׁוּ שְׁמוֹתָן.

כשנודע לרבן גמליאל שרבי יהושע מערער על קידוש החודש שנקבע בבית הדין וקובע ראש חודש לעצמו, חשש רבן גמליאל שיהיה פילוג ופירוד בעם, ודרש מרבי יהושע שיעשה כפי קביעת בית דינו. משנה זו מתארת את המעשה.

שָׁלַח לוֹ רַבָּן גַּמְלִיאֵל לרבי יהושע:

גּוֹזְרַנִי עָלֶיךָ שֶׁתָּבֹא אֶצְלִי בְּמַקֶּלְךָ וּבִמְעוֹתֶיךָ – טלטל את חפציך, המקל והכסף, ובוא אִתם **בְּיוֹם הַכִּפּוּרִים שֶׁחָל לִהְיוֹת בְּחֶשְׁבּוֹנְךָ** – לפי חשבון הימים שלפי קביעת החודשים שלך.

הָלַךְ וּמְצָאוֹ רַבִּי עֲקִיבָא את רבי יהושע **מֵצֵר** על אותה הגזרה.

אָמַר לוֹ רבי עקיבא: **יֵשׁ לִי לִלְמוֹד, שֶׁכָּל מַה שֶּׁעָשָׂה רַבָּן גַּמְלִיאֵל עָשׂוּי** ויש לנהוג על פיו אפילו אם טעה, **שֶׁנֶּאֱמַר: "אֵלֶּה מוֹעֲדֵי ה' מִקְרָאֵי קֹדֶשׁ, אֲשֶׁר תִּקְרְאוּ אֹתָם". בֵּין בִּזְמַנָּן** שקבעו על פי האמת, **בֵּין שֶׁלֹּא בִּזְמַנָּן** שטעו בקביעתם, **אֵין לִי מוֹעֲדוֹת אֶלָּא אֵלּוּ** שקבעו בית הדין.

בָּא לוֹ רבי יהושע **אֵצֶל רַבִּי דוֹסָא בֶּן הַרְכִּינַס** שחלק גם הוא על רבן גמליאל (כמבואר במשנה קודמת), **אָמַר לוֹ** רבי דוסא לרבי יהושע: **אִם בָּאִין אָנוּ לָדוּן אַחַר בֵּית דִּינוֹ שֶׁל רַבָּן גַּמְלִיאֵל, צְרִיכִין אָנוּ לָדוּן אַחַר כָּל בֵּית דִּין וּבֵית דִּין שֶׁעָמַד מִימוֹת מֹשֶׁה וְעַד עַכְשָׁיו,** ויש לדרוש את זה מן הפסוק, **שֶׁנֶּאֱמַר: "וַיַּעַל מֹשֶׁה וְאַהֲרֹן נָדָב וַאֲבִיהוּא וְשִׁבְעִים מִזִּקְנֵי יִשְׂרָאֵל". וְלָמָּה לֹא נִתְפָּרְשׁוּ** בפסוק **שְׁמוֹתָן שֶׁל זְקֵנִים? אֶלָּא לְלַמֵּד, שֶׁכָּל שְׁלֹשָׁה וּשְׁלֹשָׁה שֶׁעָמְדוּ בֵּית דִּין עַל יִשְׂרָאֵל, הֲרֵי הוּא כְּבֵית דִּינוֹ שֶׁל מֹשֶׁה,** כאותם שבעים הזקנים.

בדבריהם אלו, נחה דעתו של רבי יהושע לקבל את הגזרה.
נָטַל רבי יהושע את **מַקְלוֹ וּמְעוֹתָיו בְּיָדוֹ, וְהָלַךְ לְיַבְנֶה אֵצֶל רַבָּן גַּמְלִיאֵל בְּיוֹם שֶׁחָל יוֹם הַכִּפּוּרִים לִהְיוֹת בְּחֶשְׁבּוֹנוֹ,** כפי שגזר עליו רבן גמליאל.

סיכום סדר קידוש החודש

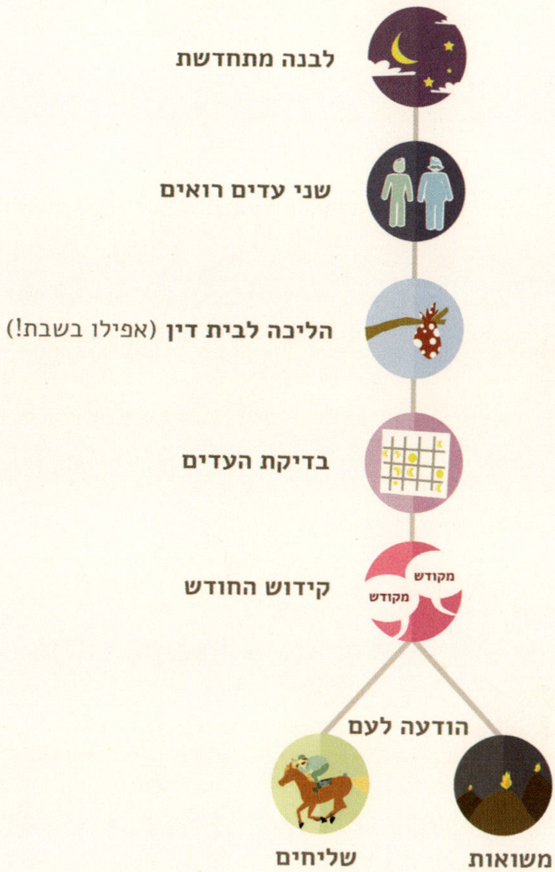

עָמַד רַבָּן גַּמְלִיאֵל וּנְשָׁקוֹ עַל רֹאשׁוֹ, אָמַר לוֹ לרבי יהושע: **בּוֹא בְשָׁלוֹם, רַבִּי וְתַלְמִידִי!**

אתה קרוי **רַבִּי בְחָכְמָה,** שאתה חכם ממני, **וְתַלְמִידִי** כיוון **שֶׁקִּבַּלְתָּ אֶת דְּבָרַי** ובאת אליי ביום הכפורים שחל לפי חשבונך.

פרק שלישי

בתחילת פרק זה דנים בעדות החודש בבית דין, בהמשכו דנים בדיני השופר, בסדר תקיעת השופר בראש השנה, בתעניות ציבור וביובל, מה דין שופר שנסדק, ניקב או נשבר, בהבדל בין קול שופר לקול הברה. בהמשך דנים בדיני כוונה בשמיעת קול שופר, ומתוך כך מזכירים שעל ידי כוונת הלב לעבודת ה' ישראל ניצחו במלחמת עמלק וניצלו בנחש הנחושת, ובסיום דנים מי יכול להוציא ידי חובה בתקיעת השופר.

א **רָאוּהוּ בֵּית דִּין וְכָל יִשְׂרָאֵל,**
נֶחְקְרוּ הָעֵדִים, וְלֹא הִסְפִּיקוּ לוֹמַר: "מְקֻדָּשׁ" עַד שֶׁחָשֵׁכָה -
הֲרֵי זֶה מְעֻבָּר.

רָאוּהוּ בֵּית דִּין בִּלְבַד
יַעַמְדוּ שְׁנַיִם וְיָעִידוּ בִּפְנֵיהֶם,
וְיֹאמְרוּ: "מְקֻדָּשׁ, מְקֻדָּשׁ!"

רָאוּהוּ שְׁלֹשָׁה וְהֵן בֵּית דִּין,
יַעַמְדוּ הַשְּׁנַיִם, וְיוֹשִׁיבוּ מֵחַבְרֵיהֶם אֵצֶל הַיָּחִיד וְיָעִידוּ בִּפְנֵיהֶם,
וְיֹאמְרוּ: "מְקֻדָּשׁ, מְקֻדָּשׁ!".
שֶׁאֵין הַיָּחִיד נֶאֱמָן עַל יְדֵי עַצְמוֹ.

רבי עובדיה מברטנורה

רָאוּהוּ בֵּית דִּין וְכָל יִשְׂרָאֵל בְּלֵיל שְׁלֹשִׁים. דִּסְלְקָא דַּעְתָּךְ אָמֵינָא הוֹאִיל וְרָאוּהוּ בֵּית דִּין וְכָל יִשְׂרָאֵל, אִפַּרְסְמָא לֵיהּ מִלְּתָא דְּבְיוֹם שְׁלֹשִׁים נִרְאָה לְקַדְּשׁוֹ, קָא מַשְׁמַע לָן דְּאִם חָשֵׁכָה וְהִגִּיעַ לֵיל אֶחָד וּשְׁלֹשִׁים וְלֹא אָמְרוּ בֵּית דִּין "מְקֻדָּשׁ" - מְעַבְּרִים אוֹתוֹ וְקוֹבְעִים רֹאשׁ חֹדֶשׁ יוֹם שְׁלֹשִׁים וְאֶחָד.

נֶחְקְרוּ הָעֵדִים - הָכִי קָאָמַר, אִי נַמִּי נֶחְקְרוּ הָעֵדִים בִּלְבַד, וְלֹא הִסְפִּיקוּ לוֹמַר "מְקֻדָּשׁ" עַד שֶׁהִגִּיעַ לֵיל שֶׁל שְׁלֹשִׁים וְאֶחָד - מְעַבְּרִים אוֹתוֹ. דִּסְלְקָא דַּעְתָּךְ אָמֵינָא תֶּהֱוֵי חֲקִירַת עֵדִים כִּתְחִלַּת דִּין, וּ"מְקֻדָּשׁ, מְקֻדָּשׁ" כִּגְמַר דִּין, וּגְמַר דִּין הָוֵי בַּלַּיְלָה וּנְקַדְּשֵׁיהּ בְּלֵילְיָא - קָא מַשְׁמַע לָן דְּלֹא, שֶׁאֵין מְקַדְּשִׁין אֶת הַחֹדֶשׁ בַּלַּיְלָה. וּמִיהוּ אִם לֵיל שְׁלֹשִׁים רָאוּ הַיָּרֵחַ עִם שְׁקִיעַת הַחַמָּה, וְיֵשׁ שָׁהוּת בַּיּוֹם לוֹמַר "מְקֻדָּשׁ" קֹדֶם צֵאת הַכּוֹכָבִים - מְקַדְּשִׁין אוֹתוֹ, דְּלֹא חָשִׁיב לַיְלָה עַד צֵאת הַכּוֹכָבִים.

יַעַמְדוּ שְׁנַיִם וְיָעִידוּ - מַתְנִיתִין אַיְּרֵי כְּגוֹן שֶׁרָאוּהוּ בֵּית דִּין בַּלַּיְלָה לֵיל שְׁלֹשִׁים, וְאִי אֶפְשָׁר לְקַדְּשׁוֹ בַּלַּיְלָה. הִלְכָּךְ לְמָחָר יַעַמְדוּ שְׁנַיִם וְיָעִידוּ. דְּאִם לֹא עַל עֵדוּתָן שֶׁל אֵלּוּ, עַל מַה יְקַדְּשׁוּ? אֲבָל אִם רָאוּהוּ בֵּית דִּין עִם שְׁקִיעַת הַחַמָּה בִּזְמַן שֶׁיֵּשׁ שָׁהוּת לוֹמַר "מְקֻדָּשׁ", יְקַדְּשׁוּהוּ בִּרְאִיָּתָם, דְּלֹא תְּהֵא שְׁמִיעָה שֶׁשּׁוֹמְעִין מִפִּי עֵדִים גְּדוֹלָה מֵרְאִיָּה, דְּהָא גַּבֵּי קִדּוּשׁ הַחֹדֶשׁ לֹא כְּתִיב עֵדוּת, אֶלָּא "כָּזֶה רְאֵה וְקַדֵּשׁ" (גמרא כ, א).

יַעַמְדוּ שְׁנַיִם - לְמָחָר כְּשֶׁבָּאִים לוֹמַר: "מְקֻדָּשׁ".

וְיוֹשִׁיבוּ מֵחַבְרֵיהֶם אֵצֶל הַיָּחִיד - וְאַף עַל גַּב דְּיָחִיד מֻמְחֶה דָּן אֲפִלּוּ בִּיחִידִי (גמרא סנהדרין ה, א), קִדּוּשׁ הַחֹדֶשׁ לֹא הָוֵה בִּיחִידִי. שֶׁאֵין לְךָ מֻמְחֶה לָרַבִּים יוֹתֵר מִמֹּשֶׁה רַבֵּנוּ, וְקָאָמַר לֵיהּ רַחֲמָנָא עַד דְּאִכָּא אַהֲרֹן בַּהֲדָךְ, דִּכְתִיב (שמות יב, א-ב): "וַיֹּאמֶר ה' אֶל מֹשֶׁה וְאֶל אַהֲרֹן... הַחֹדֶשׁ הַזֶּה לָכֶם".

משנה זו מלמדת שאין מקדשים את החודש בלילה, ואפילו אם העידו עדים בבית הדין, אם לא גמרו את הדין ביום - אין מקדשים את החודש. המשנה עוסקת גם במקרה שדיינים ראו את חידוש הירח, כיצד יעידו בפני חבריהם הדיינים.

אם ביום שלושים לחודש **רָאוּהוּ** את מולד הירח כמה דקות קודם צאת הכוכבים, שהוא סוף היום, **בֵּית דִּין וְכָל יִשְׂרָאֵל**, ואף **נֶחְקְרוּ הָעֵדִים** על ידי בית הדין, **וְלֹא הִסְפִּיקוּ** הדיינים **לוֹמַר: "מְקֻדָּשׁ"**, שאמירה זו היא הסכמה של בית הדין לקדש את החודש, **עַד שֶׁחָשֵׁכָה**, יצאו הכוכבים ונגמר היום - **הֲרֵי זֶה מְעֻבָּר**, וראש החודש יהיה ביום שלושים ואחד מראש החודש הקודם, שאין מקדשים את החודש בלילה, ולא התקדש החודש החדש, אף על פי שברור לכולם שהיה מולד הירח. אך אם אמרו "מקודש" לפני צאת הכוכבים - הרי החודש מקודש.

רָאוּהוּ בֵּית דִּין של עשרים ושלושה דיינים (תוספות כה, ב) **בִּלְבַד** ולא הגיע אף עד - **יַעַמְדוּ שְׁנַיִם**, שני דיינים מתוך בית הדין **וְיָעִידוּ בִּפְנֵיהֶם** - בפני שאר הדיינים, **וְיֹאמְרוּ: "מְקֻדָּשׁ, מְקֻדָּשׁ!"** - אף על פי שהדיינים ראו בעצמם את הירח, הם צריכים לשמוע את עדות החודש ולא לסמוך על ראייתם. בגמרא (כה, ב) אמרו שמדובר שראו את הירח בלילה, שאי אפשר לקדש את החודש בלילה, אבל אם ראו ביום - יכולים לקדש על פי הראייה שלהם, "שלא תהיה שמיעה (=של העדות על הירח) גדולה מראייה (=של הירח עצמו)".

רָאוּהוּ שְׁלֹשָׁה וְהֵן בֵּית דִּין - יַעַמְדוּ הַשְּׁנַיִם - שני דיינים מתוך השלושה, **וְיוֹשִׁיבוּ מֵחַבְרֵיהֶם**, שני דיינים אחרים, **אֵצֶל הַיָּחִיד** - הדיין שאינו מעיד, **וְיָעִידוּ בִּפְנֵיהֶם, וְיֹאמְרוּ: "מְקֻדָּשׁ, מְקֻדָּשׁ!"**.

שֶׁאֵין הַיָּחִיד נֶאֱמָן עַל יְדֵי עַצְמוֹ בקידוש החודש, וחכמים (גמרא כה, ב) למדו זאת ממשה רבינו, שהיה אדם נאמן, ואף על פי כן הקב"ה ביקש ממנו שיצטרף אליו אהרן לקידוש החודש.

ב כָּל הַשּׁוֹפָרוֹת כְּשֵׁרִין, חוּץ מִשֶּׁל פָּרָה, מִפְּנֵי שֶׁהוּא קֶרֶן.

אָמַר רַבִּי יוֹסֵי: וַהֲלֹא כָּל הַשּׁוֹפָרוֹת נִקְרְאוּ קֶרֶן, שֶׁנֶּאֱמַר (יהושע ו, ה): "בִּמְשֹׁךְ בְּקֶרֶן הַיּוֹבֵל".

רבי עובדיה מברטנורה

שֶׁהוּא קֶרֶן – וְאֵינוֹ קָרוּי שׁוֹפָר, דִּכְתִיב (דברים לג, יז): "בְּכוֹר שׁוֹרוֹ הָדָר לוֹ וְקַרְנֵי רְאֵם קַרְנָיו". וְגַבֵּי רֹאשׁ הַשָּׁנָה שׁוֹפָר כְּתִיב (ויקרא כה, ט) "וְהַעֲבַרְתָּ שׁוֹפַר תְּרוּעָה", וְגָמְרִינַן רֹאשׁ הַשָּׁנָה מִיּוֹבֵל.

בְּקֶרֶן הַיּוֹבֵל – וְיוֹבֵל דִּכְרָא הוּא, דְּאָמַר רַבִּי עֲקִיבָא: כְּשֶׁהָלַכְתִּי לְגַלְיָא, הָיוּ קוֹרִין לְ"דִכְרָא" – "יוֹבְלָא" (גמרא כו, א), אַלְמָא אֲפִלּוּ שׁוֹפָר שֶׁל אַיִל נִקְרָא "קֶרֶן". וְרַבָּנָן אָמְרִי: כָּל הַשּׁוֹפָרוֹת אִקְרוּ קֶרֶן וְאִקְרוּ שׁוֹפָר. דְּפָרָה – קֶרֶן אִקְרֵי שׁוֹפָר לֹא אִקְרֵי. וַהֲלָכָה כַּחֲכָמִים.

בראש השנה, יש מצווה מן התורה לתקוע בשופר, שנאמר (במדבר כט, א): "יום תרועה יהיה לכם". משנה זו עוסקת בכשרות השופר, מניין לוקחים אותו.

כָּל הַשּׁוֹפָרוֹת, בין של חיה בין של בהמה, **כְּשֵׁרִין חוּץ מִשֶּׁל פָּרָה, מִפְּנֵי שֶׁהוּא קֶרֶן** - ואינו קרוי שופר. בגמרא (כו, א) הוסיפו סיבה לפסול קרן של פרה כיוון שהיא מזכירה את חטא העגל, ואין קטגור נעשה סנגור, כלומר המלמד חובה על נאשם (=העגל) אינו יכול ללמד עליו זכות (=להיות שופר ביום הדין).

יש המבארים כי שופר הוא מלשון 'שפופרת' - קנה חלול, וממילא קרניים שאינן חלולות, כגון של צבי, פסולות.

אָמַר רַבִּי יוֹסֵי: וַהֲלֹא כָּל הַשּׁוֹפָרוֹת נִקְרְאוּ קֶרֶן, שֶׁנֶּאֱמַר: "בִּמְשֹׁךְ בְּקֶרֶן הַיּוֹבֵל" - וכשם שכל השופרות כשרים - כך גם קרן הפרה. לעומתו, תנא קמא סובר שכל השופרות נקראים גם 'שופר' וגם 'קרן', אך קרן הפרה אינה נקראת 'שופר' (גמרא כו, א).

ויש אומרים שרק שופר מכבש כשר (ראה משנה הבאה), וכך פסק הרמב"ם (הלכות שופר א, א).

ג **שׁוֹפָר שֶׁל רֹאשׁ הַשָּׁנָה - שֶׁל יָעֵל פָּשׁוּט,**
וּפִיו מְצֻפֶּה זָהָב,
וּשְׁתֵּי חֲצוֹצְרוֹת מִן הַצְּדָדִין.

שׁוֹפָר מַאֲרִיךְ וַחֲצוֹצְרוֹת מְקַצְּרוֹת,
שֶׁמִּצְוַת הַיּוֹם בַּשּׁוֹפָר.

רבי עובדיה מברטנורה

שֶׁל יָעֵל פָּשׁוּט - דִּלְתְפִלָּה בָּעֵינַן פְּשׁוּטוֹת. **וּפִיו מְצֻפֶּה זָהָב** - בְּשֶׁל מִקְדָּשׁ קָאָמַר. **שׁוֹפָר מַאֲרִיךְ** - אַחַר שֶׁהַחֲצוֹצְרוֹת פּוֹסְקִים תְּקִיעָתָם נִשְׁמָע קוֹל הַשּׁוֹפָר.

משנה זו דנה באופן שבו היו תוקעים בשופר במקדש.

יעל - פשוט

שׁוֹפָר שֶׁל רֹאשׁ הַשָּׁנָה שֶׁל יָעֵל, מין עז בר, ויש אומרים שהיא כבשה נקבה, **פָּשׁוּט** - ישר, שאינו כפוף, כדי שיישרו את לבם וישובו בתשובה (ירושלמי ג, ג), **וּפִיו מְצֻפֶּה זָהָב** - לנוי, לכבוד יום טוב (גמרא כז, א), אבל בשאר השנה היה מצופה בכסף (ראה משנה הבאה). הציפוי אינו במקום שבו הפה נוגע בשופר, שכן נגיעה כזו חוצצת בין השופר לאדם ותקיעה כזו פסולה, אלא הציפוי היה בסמוך למקום זה.

וּשְׁתֵּי חֲצוֹצְרוֹת עשויות מכסף **מִן הַצְּדָדִין** של השופר, ושני אנשים תוקעים בהן. סדר תקיעה זה היה רק במקדש, שנאמר (תהלים צח, ו): "בחצוצרות וקול שופר הריעו לפני המלך ה'". וכיוון שעיקר מצוות התקיעה בראש השנה הוא בשופר, לכן השופר באמצע.

שׁוֹפָר מַאֲרִיךְ בתקיעה **וַחֲצוֹצְרוֹת מְקַצְּרוֹת** ומסיימים לתקוע בהן קודם שתקיעת השופר מסתיימת, **שֶׁמִּצְוַת הַיּוֹם בַּשּׁוֹפָר** - וקול החצוצרות אינו מפריע לשמיעת קול השופר, כיוון שקולו חביב והאנשים מקשיבים לו (גמרא כז, א).

ד בַּתַּעֲנִיּוֹת - בְּשֶׁל זְכָרִים כְּפוּפִין,
וּפִיהֶן מְצֻפֶּה כֶּסֶף,
וּשְׁתֵּי חֲצוֹצְרוֹת בָּאֶמְצַע.

שׁוֹפָר מְקַצֵּר וַחֲצוֹצְרוֹת מַאֲרִיכוֹת,
שֶׁמִּצְוַת הַיּוֹם בַּחֲצוֹצְרוֹת.

רבי עובדיה מברטנורה

בְּשֶׁל זְכָרִים - אֵילִים. **וּשְׁתֵּי חֲצוֹצְרוֹת בָּאֶמְצַע** - שְׁנֵי שׁוֹפָרוֹת הָיוּ לָהֶם, וְאֶחָד מִכָּאן וְאֶחָד מִכָּאן, וַחֲצוֹצְרוֹת בָּאֶמְצַע. **שֶׁמִּצְוַת הַיּוֹם בַּחֲצוֹצְרוֹת** - דִּסְתָם תַּעֲנִית עַל צָרַת צִבּוּר, וּכְתִיב (במדבר י, ט): "עַל הַצַּר הַצֹּרֵר אֶתְכֶם וַהֲרֵעֹתֶם בַּחֲצֹצְרֹת". וְדַוְקָא בַּמִּקְדָּשׁ עוֹשִׂין כֵּן, אֲבָל בַּגְּבוּלִים, בִּזְמַן שֶׁיֵּשׁ שׁוֹפָר - אֵין חֲצוֹצְרוֹת, וּבִזְמַן שֶׁיֵּשׁ חֲצוֹצְרוֹת - אֵין שׁוֹפָר, דִּכְתִיב (תהלים צח, ו): "בַּחֲצֹצְרוֹת וְקוֹל שׁוֹפָר הָרִיעוּ לִפְנֵי הַמֶּלֶךְ ה'", לִפְנֵי הַמֶּלֶךְ ה' - אִין, שֶׁלֹּא לִפְנֵי הַמֶּלֶךְ ה' - לֹא.

משנה זו דנה בסדר תקיעת השופר בתעניות ציבור במקדש.

בַּתַּעֲנִיּוֹת ציבור, כגון אם לא ירדו גשמים או על צרות אחרות שאירעו (ראה תענית פרק ב), תוקעים **בְּשֶׁל זְכָרִים**, אַיִל - כבש זכר, **כְּפוּפִין** - שהצרות מרמזות על ריחוק מה', וכדי להתקרב לה' תוקעים בשופר כפוף, המסמל הכנעת הלב ורצון להתקרב לה'. ולכן בתעניות היו מתפללים ברחובה של עיר ולא בבית הכנסת (משנה תענית ב, א), דבר המסמל גלות.

זכר - כפוף

וּפִיהֶן מְצֻפֶּה כֶּסֶף - לנוי, שיהיו דומות לחצוצרות שהיו מכסף (ראה במדבר י, ב). הציפוי אינו במקום שבו הפה נוגע בשופר, שכן נגיעה כזו חוצצת בין השופר לאדם ותקיעה כזו פסולה, אלא הציפוי היה בסמוך למקום זה.

וּשְׁתֵּי חֲצוֹצְרוֹת, עשויות מכסף, **בָּאֶמְצַע** - שעיקר התקיעה בתענית היא בחצוצרות, ולפני ה' תוקעים ב"חצוצרות וקול שופר" (תהלים מח, ו).

שׁוֹפָר מְקַצֵּר בתקיעה **וַחֲצוֹצְרוֹת מַאֲרִיכוֹת** והתקיעה בהן נמשכת אחרי שמפסיקים לתקוע בשופר, **שֶׁמִּצְוַת הַיּוֹם בַּחֲצוֹצְרוֹת.**

ה שָׁוֶה הַיּוֹבֵל לְרֹאשׁ הַשָּׁנָה לַתְּקִיעָה וְלַבְּרָכוֹת.

רַבִּי יְהוּדָה אוֹמֵר:
בְּרֹאשׁ הַשָּׁנָה תּוֹקְעִין בְּשֶׁל זְכָרִים, וּבַיּוֹבֵל בְּשֶׁל יְעֵלִים.

רבי עובדיה מברטנורה

שָׁוֶה הַיּוֹבֵל לְרֹאשׁ הַשָּׁנָה לַתְּקִיעָה – בִּפְשׁוּטִים. וְאַף עַל גַּב דִּתְקִיעָה בְּיוֹבֵל לֹא לִתְפִלָּה וְלֹא לְזִכָּרוֹן, אֶלָּא לְסִימַן שִׁלּוּחַ עֲבָדִים וַחֲזָרוֹת שָׂדוֹת לְבַעְלֵיהֶן, אֲפִלּוּ הָכִי כְּעֵין רֹאשׁ הַשָּׁנָה בָּעֵי, דְּגָמְרִינַן בִּגְזֵרָה שָׁוָה מִ"שְּׁבִיעִי", "שְׁבִיעִי", שֶׁיִּהְיוּ כָּל תְּקִיעוֹת שֶׁבַּחֹדֶשׁ הַשְּׁבִיעִי שָׁווֹת זוֹ כָּזוֹ.

פֵּרוּשׁ אַחֵר: **לַתְּקִיעָה** – לְמִנְיַן הַתְּקִיעוֹת. **וְלַבְּרָכוֹת** – לְמִנְיַן הַבְּרָכוֹת. דְּבָעֵי לְמֵימַר מַלְכִיּוֹת, זִכְרוֹנוֹת וְשׁוֹפָרוֹת בְּיוֹם הַכִּפּוּרִים שֶׁל יוֹבֵל כְּמוֹ בְּרֹאשׁ הַשָּׁנָה.

רַבִּי יְהוּדָה אוֹמֵר כו' – וְאֵין הֲלָכָה כְּרַבִּי יְהוּדָה וְלֹא כְּתַנָּא קַמָּא. אֶלָּא הֲלָכָה: בֵּין רֹאשׁ הַשָּׁנָה בֵּין יוֹם הַכִּפּוּרִים שֶׁל יוֹבֵל – שְׁנֵיהֶם בְּשֶׁל זְכָרִים כְּפוּפִים.

משנה זו דנה בדומה ובשונה בין ראש השנה ליובל, שחל פעם בחמישים שנה, אחרי שבע שמיטות, וביום הכיפורים שביובל היו תוקעים בשופר, והעבדים משתחררים והשדות חוזרות לבעליהן.

אף שעיקרו של ראש השנה שבכל שנה הוא יום המלכת ה' ועיקרו של יום הכיפורים שביובל הוא יום שחרור עבדים, מכל מקום **שָׁוֶה הַיּוֹבֵל לְרֹאשׁ הַשָּׁנָה לַתְּקִיעָה וְלַבְּרָכוֹת** – ביום הכיפורים שביובל תוקעים בשופר ומוסיפים בתפילה שלוש ברכות: "מלכויות, זיכרונות ושופרות", כבראש השנה.

רַבִּי יְהוּדָה אוֹמֵר: בְּרֹאשׁ הַשָּׁנָה תוֹקְעִין בְּשֶׁל זְכָרִים, אַיִל - כבש זכר, **וּבַיּוֹבֵל בְּשֶׁל יְעֵלִים -** יש אומרים שיעל היא עז בר ויש אומרים שהיא כבשה נקבה (ראה משנה ג). על פי הפירוש שיעל היא עז בר, ביארו בירושלמי (ג, ה) שרבי יהודה סובר שבראש השנה, שהוא דבר מצוי בכל שנה, תוקעים באיל, שהוא מצוי, וביובל, שאינו מצוי ובא פעם בחמישים שנה, תוקעים בשל יעל, חיה שאינה מצויה.

בגמרא (כו, ב) הובאה דעת לוי, הסובר שגם בראש השנה וגם ביום הכיפורים שביובל תוקעים בשופר כפוף של כבש זכר.

ו שׁוֹפָר שֶׁנִּסְדַּק וְדִבְּקוֹ - פָּסוּל.
דִּבֵּק שִׁבְרֵי שׁוֹפָרוֹת - פָּסוּל.
נִקַּב וּסְתָמוֹ:
אִם מְעַכֵּב אֶת הַתְּקִיעָה - פָּסוּל,
וְאִם לָאו - כָּשֵׁר.

רבי עובדיה מברטנורה

שׁוֹפָר שֶׁנִּסְדַּק וְדִבְּקוֹ בְּדֶבֶק - **פָּסוּל**. דַּהֲוָה לֵיהּ כִּשְׁנֵי שׁוֹפָרוֹת. וְהָנֵי מִלֵּי נִסְדַּק לְאָרְכּוֹ. אֲבָל נִסְדַּק לְרָחְבּוֹ, אִם נִשְׁתַּיֵּר מִמְּקוֹם הַנָּחַת פֶּה עַד מְקוֹם הַסֶּדֶק כְּדֵי שִׁעוּר תְּקִיעָה - כָּשֵׁר, וְאִם לָאו - פָּסוּל. וְכַמָּה שִׁעוּר תְּקִיעָה? כְּדֵי שֶׁיֹּאחֲזֶנּוּ בְּיָדוֹ וְיֵרָאֶה לְכָאן וּלְכָאן.
נִקַּב וּסְתָמוֹ - דַּוְקָא שֶׁסְּתָמוֹ בְּמִינוֹ וְנִשְׁתַּיֵּר רֻבּוֹ שָׁלֵם וְלֹא עִכְּבוּ הַנְּקָבִים שֶׁנִּסְתְּמוּ אֶת הַתְּקִיעָה כָּשֵׁר, וְאִם חָסֵר אֶחָד מִן הַתְּנָאִים הַלָּלוּ - פָּסוּל.

משנה זו דנה בכשרות השופר שנסדק, נשבר או ניקב.

שׁוֹפָר שֶׁנִּסְדַּק לאורכו **וְדִבְּקוֹ** בדבק - **פָּסוּל**, שאין עליו שם 'שופר'. אבל אם נסדק לרוחבו ויש בו שיעור של תקיעת שופר, שהוא כדי החזקת השופר ועוד קצת לכל צד, כלומר מעט יותר מטפח (כ-10 ס"מ).

דִּבֵּק שִׁבְרֵי שׁוֹפָרוֹת - פָּסוּל, שכן צריך לתקוע בשופר אחד שלם כברייתו.

נִקַּב השופר **וּסְתָמוֹ** בחומר העשוי משברי שופר, **אִם** הנקב **מְעַכֵּב אֶת הַתְּקִיעָה**, שבלי הסתימה קול השופר אינו נשמע - **פָּסוּל, וְאִם לָאו**, שבלי הסתימה קול השופר נשמע **כָּשֵׁר**, אף שאינו נשמע היטב.

ז **הַתּוֹקֵעַ לְתוֹךְ הַבּוֹר אוֹ לְתוֹךְ הַדּוּת אוֹ לְתוֹךְ הַפִּטָּם:**
אִם קוֹל שׁוֹפָר שָׁמַע - יָצָא,
וְאִם קוֹל הֲבָרָה שָׁמַע - לֹא יָצָא.

וְכֵן מִי שֶׁהָיָה עוֹבֵר אֲחוֹרֵי בֵית הַכְּנֶסֶת,
אוֹ שֶׁהָיָה בֵיתוֹ סָמוּךְ לְבֵית הַכְּנֶסֶת,
וְשָׁמַע קוֹל שׁוֹפָר אוֹ קוֹל מְגִלָּה,
אִם כִּוֵּן לִבּוֹ - יָצָא,
וְאִם לָאו - לֹא יָצָא.

אַף עַל פִּי שֶׁזֶּה שָׁמַע וְזֶה שָׁמַע,
זֶה כִּוֵּן לִבּוֹ וְזֶה לֹא כִּוֵּן לִבּוֹ.

רבי עובדיה מברטנורה

בּוֹר - חֲפִירָה בַּקַּרְקַע. **דּוּת** - מָקוֹם מֻקָּף מְחִצּוֹת עַל הָאָרֶץ. פִּטָּם - כְּלִי גָּדוֹל שֶׁל חֶרֶס.
אִם קוֹל שׁוֹפָר שָׁמַע הָעוֹמֵד חוּץ לַבּוֹר, וְשָׁמַע קוֹל תְּקִיעַת הַתּוֹקֵעַ בַּבּוֹר. דְּאִלּוּ אוֹתָן שֶׁבַּבּוֹר לְעוֹלָם יָצְאוּ, שֶׁהֵן שׁוֹמְעִין קוֹל שׁוֹפָר לְעוֹלָם.
אִם כִּוֵּן לִבּוֹ לָצֵאת - **יָצָא**. וְאַף עַל פִּי שֶׁלֹּא נִתְכַּוֵּן הַתּוֹקֵעַ לְהוֹצִיאוֹ. הָכָא מַיְרֵי בְּחַזַּן הַכְּנֶסֶת שֶׁתּוֹקֵעַ, שֶׁהוּא מִתְכַּוֵּן לְהוֹצִיא כָּל הַשּׁוֹמְעִים קוֹל תְּקִיעָתוֹ. הִלְכָּךְ, אַף עַל גַּב דְּלֹא נִתְכַּוֵּן לְהוֹצִיא זֶה הָעוֹבֵר אֲחוֹרֵי בֵּית הַכְּנֶסֶת וְלֹא יָדַע לֵיהּ - יָצָא. אֲבָל הַתּוֹקֵעַ לְהוֹצִיא יָחִיד יְדֵי חוֹבָתוֹ בָּעֵינַן שֶׁיִּתְכַּוֵּן שׁוֹמֵעַ וּמַשְׁמִיעַ.

בזמן המשנה היו תקופות שבהן הגויים רדפו אחרי היהודים ואסרו לקיים מצוות בגלוי, ולכן רבים התחבאו בבורות או בשאר מקומות סגורים, ואחרים תקעו להם בשופר. המשנה מבארת מתי יוצאים ידי חובה בתקיעה זו ומתי לא.

הַתּוֹקֵעַ לְתוֹךְ הַבּוֹר, בור הוא חפירה בקרקע, **אוֹ לְתוֹךְ הַדּוּת**, דות הוא בור שציפו אותו באבן או בסיד ויש שפירשו שהוא כעין כוך בקיר אבן, **אוֹ לְתוֹךְ הַפִּטָּם**, פיטם הוא כלי גדול של חרס.

כדי לצאת ידי חובת תקיעת שופר צריך לשמוע את הקול היוצא מהשופר, אך קול היוצא מהשופר וחוזר, ההד, אינו קול השופר אלא אלו גלי קול שחזרו מהמפגש עם הבור, והוא נקרא "הברה". לכן **אִם קוֹל שׁוֹפָר שָׁמַע**, כלומר את הקול היוצא מהשופר עצמו - **יָצָא. וְאִם קוֹל הֲבָרָה שָׁמַע**, כלומר הוא לא שמע את הקול היוצא מהשופר, אלא את גלי הקול המוחזרים מדופן הבור, שזהו קול שאינו חד כמו קול השופר עצמו - **לֹא יָצָא.**

קול שופר
קול הברה

מגן דוד

המשנה מבארת איזה סוג שמיעה ואיזו כוונה צריך כדי לצאת ידי חובת תקיעת שופר ושאר מצוות שיוצאים בהן ידי חובה בשמיעה.

וְכֵן מִי שֶׁהָיָה עוֹבֵר אֲחוֹרֵי בֵית הַכְּנֶסֶת, אוֹ שֶׁהָיָה בֵיתוֹ סָמוּךְ לְבֵית הַכְּנֶסֶת, וְשָׁמַע קוֹל שׁוֹפָר אוֹ קוֹל מְגִלָּה, אִם כִּוֵּן לִבּוֹ לצאת ידי חובה - **יָצָא**, אף שלא היה בבית הכנסת, שכן התוקע בשופר והקורא במגילה בבית הכנסת מכוונים להוציא את כל מי ששומע את קולם, אבל אם התוקע או הקורא לא כיוונו להוציא אותו ידי חובה - לא יצא. **וְאִם לָאו**, שהשומע קול שופר או מגילה לא כיוון לצאת ידי חובה - **לֹא יָצָא.**

אַף עַל פִּי שֶׁזֶּה שָׁמַע וְזֶה שָׁמַע, זֶה כִּוֵּן לִבּוֹ, ולכן יצא ידי חובה, **וְזֶה לֹא כִּוֵּן לִבּוֹ**, ולכן לא יצא ידי חובה. הכלל הוא שכדי לצאת ידי חובה על ידי אדם אחר, צריך גם כוונה של המשמיע להוציאו, וגם כוונה של השומע לצאת ידי חובה (ראה להלן ד, ח).

יש שסוברים שבכל המצוות צריכים כוונה כדי לצאת ידי חובה, ויש שסוברים שרק במצוות של דיבור או קול צריכים כוונה כדי לצאת ידי חובה, ולכן הוזכרו במשנה דווקא שופר ומגילה. ויש שסוברים שאין הלכה כמשנה זו ומצוות לא צריכות כוונה.

ח "וְהָיָה כַּאֲשֶׁר יָרִים מֹשֶׁה יָדוֹ וְגָבַר יִשְׂרָאֵל וְגוֹ'" (שמות יז, יא).
וְכִי יָדָיו שֶׁל מֹשֶׁה עוֹשׂוֹת מִלְחָמָה אוֹ שׁוֹבְרוֹת מִלְחָמָה?
אֶלָּא לוֹמַר לָךְ:
כָּל זְמַן שֶׁהָיוּ יִשְׂרָאֵל מִסְתַּכְּלִים כְּלַפֵּי מַעְלָה
וּמְשַׁעְבְּדִין אֶת לִבָּם לַאֲבִיהֶם שֶׁבַּשָּׁמַיִם - הָיוּ מִתְגַּבְּרִים,
וְאִם לָאו - הָיוּ נוֹפְלִין.

כַּיּוֹצֵא בַּדָּבָר אַתָּה אוֹמֵר (במדבר כא, ח):
"עֲשֵׂה לְךָ שָׂרָף וְשִׂים אֹתוֹ עַל נֵס,
וְהָיָה כָּל הַנָּשׁוּךְ, וְרָאָה אֹתוֹ וָחָי".
וְכִי נָחָשׁ מֵמִית אוֹ נָחָשׁ מְחַיֶּה?
אֶלָּא בִּזְמַן שֶׁיִּשְׂרָאֵל מִסְתַּכְּלִין כְּלַפֵּי מַעְלָה
וּמְשַׁעְבְּדִין אֶת לִבָּם לַאֲבִיהֶם שֶׁבַּשָּׁמַיִם - הָיוּ מִתְרַפְּאִים,
וְאִם לָאו - הָיוּ נִמּוֹקִים.

חֵרֵשׁ שׁוֹטֶה וְקָטָן - אֵין מוֹצִיאִין אֶת הָרַבִּים יְדֵי חוֹבָתָן.
זֶה הַכְּלָל:
כָּל שֶׁאֵינוֹ מְחֻיָּב בַּדָּבָר - אֵינוֹ מוֹצִיא אֶת הָרַבִּים יְדֵי חוֹבָתָן.

רבי עובדיה מברטנורה

"וְהָיָה כַּאֲשֶׁר יָרִים מֹשֶׁה יָדוֹ וכו'" - מִשּׁוּם דְּאַיְרֵי לְעֵיל בְּכַוָּנַת הַלֵּב, תָּנָא נָמִי לְהָךְ דְּאִית בָּהּ בְּשָׁעָה שֶׁמְּכַוְּנִים לִבָּן לַאֲבִיהֶם שֶׁבַּשָּׁמַיִם הֵם מִתְגַּבְּרִים.

בהמשך למשנה הקודמת, שעסקה בדיני כוונה במצוות, משנה זו מוסיפה שעל ידי כוונת הלב לעבודת ה' ניצחו ישראל במלחמת עמלק ונעשה להם נס בנחש הנחושת.

בזמן שישראל נלחמו בעמלק נאמר: "וְהָיָה כַּאֲשֶׁר יָרִים מֹשֶׁה יָדוֹ וְגָבַר יִשְׂרָאֵל וְכַאֲשֶׁר יָנִיחַ יָדוֹ וְגָבַר עֲמָלֵק", ועל זה שואלים: וְכִי יָדָיו שֶׁל מֹשֶׁה עוֹשׂוֹת מִלְחָמָה אוֹ שׁוֹבְרוֹת

מִלְחָמָה? והרי הרמת הידיים אינה כלי מלחמה! **אֶלָּא לוֹמַר לְךָ, כָּל זְמַן שֶׁהָיוּ יִשְׂרָאֵל מִסְתַּכְּלִים כְּלַפֵּי מַעְלָה וּמְשַׁעְבְּדִין אֶת לִבָּם לַאֲבִיהֶם שֶׁבַּשָּׁמַיִם - הָיוּ מִתְגַּבְּרִים** על עמלק, **וְאִם לָאו - הָיוּ נוֹפְלִין** לפני עמלק. ולכן משה רבינו הרים את ידיו, כדי להורות לעם ישראל לכוון את לבם כלפי ה'.

כַּיּוֹצֵא בַּדָּבָר אַתָּה אוֹמֵר, את אותו העניין למדנו בניסיון אחר שהיה לעם ישראל במדבר, כאשר העם התלונן על מצבם הקב"ה שלח עליהם נחשים, וכדי להינצל מהם הקב"ה ציווה את משה רבינו: **"עֲשֵׂה לְךָ שָׂרָף וְשִׂים אֹתוֹ עַל נֵס, וְהָיָה כָּל הַנָּשׁוּךְ וְרָאָה אֹתוֹ וָחָי".** ועל זה שואלים: **וְכִי נָחָשׁ מֵמִית אוֹ נָחָשׁ מְחַיֶּה?** והלוא נחש הנחושת היה דבר דומם! **אֶלָּא בִּזְמַן שֶׁיִּשְׂרָאֵל מִסְתַּכְּלִין כְּלַפֵּי מַעְלָה וּמְשַׁעְבְּדִין אֶת לִבָּם לַאֲבִיהֶם שֶׁבַּשָּׁמַיִם - הָיוּ מִתְרַפְּאִים,** והנחש בא רק לעורר את לבם של ישראל. **וְאִם לָאו - הָיוּ נִמּוֹקִים** - חולים ומתים. מכוח המעשה הזה, קבעו את נחש הנחושת להיות סמל לרפואה.

המשנה מבארת מי חייב במצוות שופר ויכול להוציא אחרים ידי חובתם.

חֵרֵשׁ שׁוֹטֶה וְקָטָן אינם חייבים במצוות שופר, ולכן **אֵין מוֹצִיאִין אֶת הָרַבִּים יְדֵי חוֹבָתָן.**

יש להוסיף שדין הנשים במצוות שופר הוא כדין כל מצוות עשה שהזמן גרמן, שהן פטורות. עם זאת, נשים רבות מקפידות לשמוע קול שופר בראש השנה, ויש להן שכר על כך, ויש מנהגים שאף יכולות לברך על כך (ר"ן ט, ב).

זֶה הַכְּלָל: כָּל שֶׁאֵינוֹ מְחֻיָּב בַּדָּבָר - אֵינוֹ מוֹצִיא אֶת הָרַבִּים יְדֵי חוֹבָתָן. אך מי שמחויב במצווה, אף אם כבר יצא ידי חובה, יכול להוציא אחרים.

פרק רביעי

פרק זה עוסק בתקיעה בשופר כאשר ראש השנה חל בשבת, שבתחילה היו תוקעים בשבת רק בירושלים, ואחרי החורבן התקין רבן יוחנן בן זכאי שיתקעו ביבנה.

בהמשך נזכרו תקנות נוספות שהתקין רבן יוחנן זכאי זכר למקדש: בנטילת לולב ובקבלת עדות החודש.

בהמשך דן הפרק בסדר הברכות שבתפילת ראש השנה ובתקיעת השופר על סדר ברכות אלו.

הפרק מסיים בדינים נוספים העוסקים בהלכות תקיעת השופר.

א **יוֹם טוֹב שֶׁל רֹאשׁ הַשָּׁנָה שֶׁחָל לִהְיוֹת בַּשַּׁבָּת – בַּמִּקְדָּשׁ הָיוּ תוֹקְעִים, אֲבָל לֹא בַּמְּדִינָה.**

מִשֶּׁחָרַב בֵּית הַמִּקְדָּשׁ – הִתְקִין רַבָּן יוֹחָנָן בֶּן זַכַּאי שֶׁיְּהוּ תוֹקְעִין בְּכָל מָקוֹם שֶׁיֵּשׁ בּוֹ בֵּית דִּין.

אָמַר רַבִּי אֶלְעָזָר: לֹא הִתְקִין רַבָּן יוֹחָנָן בֶּן זַכַּאי אֶלָּא בְּיַבְנֶה בִּלְבָד. אָמְרוּ לוֹ: אֶחָד יַבְנֶה וְאֶחָד כָּל מָקוֹם שֶׁיֵּשׁ בּוֹ בֵּית דִּין.

רבי עובדיה מברטנורה

יוֹם טוֹב שֶׁל רֹאשׁ הַשָּׁנָה... בַּמִּקְדָּשׁ הָיוּ תוֹקְעִים – שֶׁתְּקִיעַת שׁוֹפָר אֵינָהּ מְלָאכָה, וְרַבָּנָן הוּא דִּגְזוּר עֲלָהּ, גְּזֵרָה שֶׁמָּא יִטְּלֶנּוּ בְּיָדוֹ וְיַעֲבִירֶנּוּ אַרְבַּע אַמּוֹת בִּרְשׁוּת הָרַבִּים, וּבַמִּקְדָּשׁ לֹא גְּזוּר, דְּאֵין אִסּוּר שְׁבוּת דְּרַבָּנָן בַּמִּקְדָּשׁ. **אֲבָל לֹא בַּמְּדִינָה** – לֹא בִּירוּשָׁלַיִם וְלֹא בַּגְּבוּלִין. וְהָרַמְבַּ"ם מְפָרֵשׁ שֶׁיְּרוּשָׁלַיִם כֻּלָּהּ קְרוּיָה 'מִקְדָּשׁ', וּשְׁאָר אֶרֶץ יִשְׂרָאֵל קְרוּיָה 'מְדִינָה'.

בְּכָל מָקוֹם שֶׁיֵּשׁ בּוֹ בֵּית דִּין – וַאֲפִלּוּ אֵינָן קְבוּעִין, אֶלָּא שֶׁבְּמִקְרֶה בָּאוּ שָׁם, תּוֹקְעִין בּוֹ.

אֶלָּא בְּיַבְנֶה – שֶׁהָיְתָה שָׁם סַנְהֶדְרִי גְּדוֹלָה בְּיָמָיו. וְכֵן בְּכָל מָקוֹם שֶׁגָּלְתָה שָׁם סַנְהֶדְרִי גְּדוֹלָה, אֲבָל לֹא בְּבֵית דִּין שֶׁל עֶשְׂרִים וּשְׁלֹשָׁה.

אָמְרוּ לוֹ וכו' – אִכָּא בֵּין "אָמְרוּ לוֹ" לְתַנָּא קַמָּא, דְּתַנָּא קַמָּא סָבַר כָּל מָקוֹם שֶׁיֵּשׁ בּוֹ בֵּית דִּין, וַאֲפִלּוּ בְּאַקְרַאי. וְ"אָמְרוּ לוֹ" סָבְרֵי: אֶחָד יַבְנֶה וְאֶחָד כָּל מָקוֹם שֶׁיֵּשׁ בּוֹ בֵּית דִּין קָבוּעַ כְּמוֹ בְּיַבְנֶה, אֲבָל בֵּית דִּין שֶׁל אַקְרַאי – לֹא. וַהֲלָכָה כְּ"אָמְרוּ לוֹ".

משנה זו עוסקת בדין תקיעת השופר כאשר ראש השנה חל בשבת.

יוֹם טוֹב שֶׁל רֹאשׁ הַשָּׁנָה שֶׁחָל לִהְיוֹת בַּשַּׁבָּת, בַּמִּקְדָּשׁ, בכל ירושלים (ויש שפירשו שדווקא בבית מקדש עצמו), **הָיוּ תוֹקְעִים. אֲבָל לֹא בַּמְּדִינָה** – בשאר הערים בארץ, שכן חכמים חששו שאדם שאינו בקי בתקיעת השופר ייקח את השופר לחכם שילמד אותו כיצד לתקוע בשופר, ובהליכה זו יטלטל את השופר ארבע אמות ברשות הרבים ויחלל את השבת. במקדש לא חששו, משום ששם מצויים בית דין, והם מזהירים את העם על שמירת השבת.

מִשֶּׁחָרַב בֵּית הַמִּקְדָּשׁ, ולא היה מקום שבו היו תוקעים בשופר בשבת, **הִתְקִין רַבָּן יוֹחָנָן בֶּן זַכַּאי שֶׁיְּהוּ תוֹקְעִין בְּכָל מָקוֹם שֶׁיֵּשׁ בּוֹ בֵּית דִּין,** שהם מזהירים את העם על שמירת השבת, ואפילו אם לא קבעו שם את מושבם אלא באופן זמני.

אָמַר רַבִּי אֶלְעָזָר: לֹא הִתְקִין רַבָּן יוֹחָנָן בֶּן זַכַּאי אֶלָּא בְּיַבְנֶה בִּלְבַד, שלשם גלה בית הדין הגדול, בעצת רבן יוחנן בן זכאי, אחרי החורבן (גיטין נו, ב), ובמקום שבית הדין הגדול נמצא הוא מזהיר את העם על שמירת השבת.

אָמְרוּ לוֹ חכמים: **אֶחָד יַבְנֶה וְאֶחָד כָּל מָקוֹם שֶׁיֵּשׁ בּוֹ בֵּית דִּין** קבוע, תוקעים בו בשופר בשבת. יש אומרים שדי אם יהיו בבית הדין שלושה דיינים, ויש שמצריכים שיהיו בו עשרים ושלושה דיינים, שהיא סנהדרין קטנה (משנה סנהדרין א, ד). ותלמידי הרי"ף (בתקופת הראשונים) העידו שבבית דינו של הרי"ף היו תוקעים בשבת.

ב **וְעוֹד זֹאת הָיְתָה יְרוּשָׁלַיִם יְתֵרָה עַל יַבְנֶה,**
שֶׁכָּל עִיר שֶׁהִיא רוֹאָה וְשׁוֹמַעַת וּקְרוֹבָה וִיכוֹלָה לָבֹא - תּוֹקְעִין.
וּבְיַבְנֶה לֹא הָיוּ תוֹקְעִין אֶלָּא בְּבֵית דִּין בִּלְבַד.

רבי עובדיה מברטנורה

וְעוֹד זֹאת הָיְתָה יְרוּשָׁלַיִם - מַתְנִיתִין חַסּוּרֵי מִחַסְּרָא וְהָכִי קָתָנֵי: בִּירוּשָׁלַיִם הָיוּ תוֹקְעִין בְּכָל הָעִיר כָּל זְמַן שֶׁבֵּית דִּין יוֹשְׁבִים בַּמִּקְדָּשׁ, שֶׁבֵּית דִּין יוֹשְׁבִין עַד שִׁשָּׁה שָׁעוֹת בַּיּוֹם. וּבְיַבְנֶה לֹא הָיוּ תוֹקְעִין בְּכָל הָעִיר אֶלָּא בִּפְנֵי בֵּית דִּין. **וְעוֹד זֹאת הָיְתָה יְרוּשָׁלַיִם יְתֵרָה עַל יַבְנֶה כו'. כָּל עִיר שֶׁהִיא רוֹאָה** - אֶת יְרוּשָׁלַיִם. פְּרָט לְיוֹשֶׁבֶת בְּנַחַל, שֶׁאַף עַל פִּי שֶׁהָיְתָה קְרוֹבָה לֹא הָיוּ תוֹקְעִין בָּהּ. **וְשׁוֹמַעַת** - פְּרָט לְיוֹשֶׁבֶת בְּרֹאשׁ הָהָר. **וּקְרוֹבָה** - פְּרָט לְיוֹשֶׁבֶת חוּץ לַתְּחוּם. **וִיכוֹלָה לָבֹא** - פְּרָט לְמַפְסִיק לָהּ נָהָר.

בהמשך למשנה הקודמת, משנה זו דנה בהבדל בין בית הדין בירושלים לבית הדין ביבנה לעניין תקיעת השופר בשבת.

וְעוֹד זֹאת הָיְתָה יְרוּשָׁלַיִם יְתֵרָה עַל יַבְנֶה, שֶׁכָּל עִיר שֶׁהִיא רוֹאָה וְשׁוֹמַעַת את קול השופר **וּקְרוֹבָה וִיכוֹלָה לָבֹא** לירושלים - **תּוֹקְעִין** בה בשבת, כל זמן שבית הדין יושב במקדש, שאימת הדיינים המזהירים על שמירת השבת עליהם, ולא יטלטלו את השופר ברשות הרבים. אבל אם היא שומעת אך אינה רואה, כגון שהיא נמצאת בעמק, או שהיא רחוקה אף שרואים ממנה את ירושלים, או שאי אפשר לבוא משם, כגון שיש נהר שמפסיק בינה לירושלים - אין תוקעים שם.

וּבְיַבְנֶה, אחרי תקנת רבן יוחנן בן זכאי, **לֹא הָיוּ תוֹקְעִין אֶלָּא בְּבֵית דִּין בִּלְבַד,** שהם מזהירים את העם על השבת.

ג **בָּרִאשׁוֹנָה הָיָה הַלּוּלָב נִטָּל בַּמִּקְדָּשׁ שִׁבְעָה, וּבַמְּדִינָה יוֹם אֶחָד.**

מִשֶּׁחָרַב בֵּית הַמִּקְדָּשׁ הִתְקִין רַבָּן יוֹחָנָן בֶּן זַכַּאי שֶׁיְּהֵא לוּלָב נִטָּל בַּמְּדִינָה שִׁבְעָה זֵכֶר לַמִּקְדָּשׁ וְשֶׁיְּהֵא יוֹם הָנֵף כֻּלּוֹ אָסוּר.

רבי עובדיה מברטנורה

לוּלָב נִטָּל בַּמִּקְדָּשׁ שִׁבְעָה – דִּכְתִיב (ויקרא כג, מ): "וּשְׂמַחְתֶּם לִפְנֵי ה' אֱלֹהֵיכֶם שִׁבְעַת יָמִים". **וּבַמְּדִינָה יוֹם אֶחָד** – דִּכְתִיב (שם): "וּלְקַחְתֶּם לָכֶם בַּיּוֹם הָרִאשׁוֹן".

וְשֶׁיְּהֵא יוֹם הָנֵף – יוֹם הֲנָפַת הָעֹמֶר. כֻּלּוֹ אָסוּר לֶאֱכֹל מִן הֶחָדָשׁ. וְטַעֲמָא מְפָרֵשׁ בְּפֶרֶק לוּלָב הַגָּזוּל (משנה סוכה ג, יב).

משנה זו דנה בתקנות שהתקין רבן יוחנן בן זכאי בנטילת לולב ובאכילה מהתבואה החדשה.

בָּרִאשׁוֹנָה בזמן שבית המקדש היה קיים, **הָיָה הַלּוּלָב נִטָּל** עם שאר המינים **בַּמִּקְדָּשׁ** בכל ירושלים **שִׁבְעָה** – כל שבעת ימי חג הסוכות, כאשר יום טוב הראשון חל בשבת (ראה משנה סוכה ד, ב), אך בשאר השנים, שיום טוב הראשון לא היה חל בשבת, לא היה ניטל בשבת חול המועד, **וּבַמְּדִינָה**, שאר ערי ישראל, ניטל **יוֹם אֶחָד**, רק ביום טוב הראשון של סוכות.

מִשֶּׁחָרַב בֵּית הַמִּקְדָּשׁ ולא היו נוטלים לולב במקדש **הִתְקִין רַבָּן יוֹחָנָן בֶּן זַכַּאי, שֶׁיְּהֵא לוּלָב נִטָּל בַּמְּדִינָה שִׁבְעָה**, כל שבעת ימי החג, **זֵכֶר לַמִּקְדָּשׁ**.

תקנה נוספת של רבן יוחנן בן זכאי זכר למקדש: **וְשֶׁיְּהֵא יוֹם הָנֵף** – יום ט"ז בניסן, שבו הנפת והקרבת מנחת העומר, **כֻּלּוֹ אָסוּר** באכילת התבואה החדשה. בזמן שבית המקדש קיים אסור לאכול מהתבואה של השנה החדשה עד אחר הקרבת העומר (ויקרא כג, יד), וכשאין בית המקדש קיים, אכילת התבואה מותרת כבר מתחילת יום ט"ז בניסן. רבן יוחנן בן זכאי תיקן לאחר החורבן שכל אותו היום אסור באכילת התבואה, שלא יטעו כשייבנה בית המקדש ויאכלו תבואה חדשה כבר בתחילת היום קודם שהקריבו את קרבן העומר.

ד בָּרִאשׁוֹנָה הָיוּ מְקַבְּלִין עֵדוּת הַחֹדֶשׁ כָּל הַיּוֹם.
פַּעַם אַחַת נִשְׁתַּהוּ הָעֵדִים מִלָּבֹא, וְנִתְקַלְקְלוּ הַלְוִיִּם בַּשִּׁיר.
הִתְקִינוּ שֶׁלֹּא יְהוּ מְקַבְּלִין אֶלָּא עַד הַמִּנְחָה.
וְאִם בָּאוּ עֵדִים מִן הַמִּנְחָה וּלְמַעְלָה –
נוֹהֲגִין אוֹתוֹ הַיּוֹם קֹדֶשׁ וּלְמָחָר קֹדֶשׁ.

מִשֶּׁחָרַב בֵּית הַמִּקְדָּשׁ
הִתְקִין רַבָּן יוֹחָנָן בֶּן זַכַּאי
שֶׁיְּהוּ מְקַבְּלִין עֵדוּת הַחֹדֶשׁ כָּל הַיּוֹם.

אָמַר רַבִּי יְהוֹשֻׁעַ בֶּן קָרְחָה:
וְעוֹד זֹאת הִתְקִין רַבָּן יוֹחָנָן בֶּן זַכַּאי,
שֶׁאֲפִלּוּ רֹאשׁ בֵּית דִּין בְּכָל מָקוֹם,
שֶׁלֹּא יְהוּ הָעֵדִים הוֹלְכִין אֶלָּא לִמְקוֹם הַוַּעַד.

רבי עובדיה מברטנורה

וְנִתְקַלְקְלוּ הַלְוִיִּם בַּשִּׁיר שֶׁל תָּמִיד שֶׁל בֵּין הָעַרְבַּיִם, וְלֹא אָמְרוּ בוֹ שִׁיר כְּלָל. לְפִי שֶׁרֹב פְּעָמִים הָיוּ הָעֵדִים בָּאִים קֹדֶם הַמִּנְחָה, לְפִיכָךְ תִּקְנוּ שִׁיר שֶׁל יוֹם טוֹב בְּתָמִיד שֶׁל בֵּין הָעַרְבַּיִם. וּבְתָמִיד שֶׁל שַׁחַר, שֶׁרֹב פְּעָמִים עֲדַיִן לֹא בָּאוּ עֵדִים וְלֹא יָדְעוּ אִם יִתְקַדֵּשׁ הַיּוֹם אִם לָאו – לֹא תִקְנוּ לוֹ שִׁיר שֶׁל יוֹם טוֹב, אֶלָּא שִׁיר שֶׁל חֹל הָיוּ אוֹמְרִים. וְאוֹתוֹ פַּעַם שֶׁהִגִּיעַ שְׁעַת הַקְרָבַת תָּמִיד שֶׁל בֵּין הָעַרְבַּיִם וַעֲדַיִן לֹא בָּאוּ עֵדִים, לֹא יָדְעוּ הַלְוִיִּם אִם יֹאמְרוּ שִׁיר שֶׁל חוֹל אוֹ שִׁיר שֶׁל יוֹם טוֹב וְלֹא אָמְרוּ שִׁיר כְּלָל.
נוֹהֲגִין אוֹתוֹ הַיּוֹם קֹדֶשׁ – דְּמִשֶּׁחָשֵׁכָה לֵיל שֶׁלְּאַחַר כ"ט בֶּאֱלוּל נָהֲגוּ בוֹ קֹדֶשׁ, שֶׁמָּא יָבוֹאוּ עֵדִים מָחָר וִיקַדְּשׁוּהוּ בֵּית דִּין, וְנִמְצָא שֶׁבַּלַּיְלָה – לֵיל יוֹם טוֹב הוּא, וְכֵן לְמָחָר כָּל הַיּוֹם עַד הַמִּנְחָה. וְאִם בָּאוּ עֵדִים קֹדֶם הַמִּנְחָה – בֵּית דִּין מְקַדְּשִׁין אֶת הַחֹדֶשׁ וְנוֹדַע שֶׁיָּפֶה נָהֲגוּ בוֹ קֹדֶשׁ. וְאִם מִן הַמִּנְחָה וּלְמַעְלָה בָּאוּ עֵדִים, אַף עַל פִּי שֶׁאֵין בֵּית דִּין מְקַדְּשִׁין אוֹתוֹ הַיּוֹם, וִיעַבְּרוּ אֶת אֱלוּל וִיקַדְּשׁוּהוּ לְמָחָר, אַף עַל פִּי כֵן נוֹהֲגִין אוֹתוֹ בִּקְדֻשָּׁה וְאָסוּר בִּמְלָאכָה, דִּלְמָא אָתֵי לְזַלְזוּלֵי בֵּיהּ לַשָּׁנָה הַבָּאָה וְיַעֲשׂוּ בוֹ מְלָאכָה כָּל הַיּוֹם, וְאָמְרֵי: אֶשְׁתָּקַד נָהַגְנוּ בוֹ קֹדֶשׁ בְּחִנָּם, וּמִן הַמִּנְחָה וּלְמַעְלָה חָזַרְנוּ וְנָהַגְנוּ בוֹ חֹל.
שֶׁאֲפִלּוּ רֹאשׁ בֵּית דִּין בְּכָל מָקוֹם – שֶׁנִּצְרַךְ לִפְרֹשׁ מִמְּקוֹם הַוַּעַד לְמָקוֹם אַחֵר. וַהֲרֵי עִקַּר מִצְוַת קִדּוּשׁ הַחֹדֶשׁ תְּלוּיָה בוֹ, כְּדִתְנַן לְעֵיל (ב, ז): "רֹאשׁ בֵּית דִּין אוֹמֵר: 'מְקֻדָּשׁ'", מִכָּל מָקוֹם לֹא יִהְיוּ צְרִיכִין עֵדִים לֵילֵךְ אַחֲרָיו אֶלָּא לִמְקוֹם הַוַּעַד, שֶׁהַסַּנְהֶדְרִין יוֹשְׁבִין שָׁם יֵלְכוּ, וְסַנְהֶדְרִין מְקַדְּשִׁין אוֹתוֹ בְּלֹא רֹאשׁ בֵּית דִּין.

משנה זו דנה בזמן שמקבלים את עדות החודש. ומבארת מתי היו מקבלים את העדים בזמן המקדש ומה תיקן רבן יוחנן בן זכאי לאחר החורבן בעניין עדות החודש.

בָּרִאשׁוֹנָה הָיוּ מְקַבְּלִין עֵדוּת הַחֹדֶשׁ כָּל הַיּוֹם – שכן שנינו (לעיל ג, א) שאפשר לקדש את החודש עד צאת הכוכבים.

פַּעַם אַחַת בסוף חודש אלול **נִשְׁתָּהוּ** התעכבו **הָעֵדִים** שבאו להעיד על החודש החדש **מִלָּבֹא**, ובינתיים הכוהנים הקריבו את קרבן התמיד של בין הערביים, כדי שלא יעבור היום בלי קרבן, **וְנִתְקַלְקְלוּ הַלְוִיִּם בַּשִּׁיר** – בזמן שהכוהנים היו מקריבים את קרבן התמיד, הלוויים היו עומדים על הדוכן ושרים (גמרא ל, ב), ובכל יום היו שרים את השיר של אותו היום, ובראש חודש היו שרים שיר אחר. באותו היום שהעדים התעכבו מלבוא הם לא שרו שום שיר, מפני הספק, שמא זה יום חול או שקידשו את החודש וזה יום טוב של ראש השנה (בגמרא שם הובאה דעה שהקלקול היה שאמרו שיר של חול במקום של יום טוב).

הִתְקִינוּ שֶׁלֹּא יְהוּ מְקַבְּלִין עדות החודש **אֶלָּא עַד הַמִּנְחָה** – וגם אחרי חקירת העדים בבית הדין ואמירת "מקודש" יישאר מספיק זמן להקרבת התמיד ולשיר על הקרבן.

וְאִם בָּאוּ עֵדִים מִן הַמִּנְחָה וּלְמַעְלָה – אף שלא מקבלים את עדותם לקבוע את יום זה כראש החודש, **נוֹהֲגִין אוֹתוֹ הַיּוֹם קֹדֶשׁ וּלְמָחָר קֹדֶשׁ**, שמא בשנה שלאחר מכן יאמרו: בשנה שעברה לא עשינו מלאכה עד המנחה, שמא יבואו עדים, ולבסוף באו העדים והותרה מלאכה, ומתוך כך יזלזלו ביום הראשון של ראש השנה, ויבואו לעשות מלאכה קודם המנחה. ומכוח תקנה זו אנו נוהגים בזמננו שני ימים טובים בראש השנה.

מִשֶּׁחָרַב בֵּית הַמִּקְדָּשׁ, והלוויים כבר לא היו שרים על הקרבן וממילא בטל טעם "שמא יתקלקלו בשיר", **הִתְקִין רַבָּן יוֹחָנָן בֶּן זַכַּאי שֶׁיְּהוּ מְקַבְּלִין עֵדוּת הַחֹדֶשׁ כָּל הַיּוֹם**. קבלת עדות החודש נמשכה עד ימי הלל השני (מצאצאי רבי יהודה הנשיא, חי בתקופת האמוראים) שתיקן את הלוח העברי הקבוע.

אָמַר רַבִּי יְהוֹשֻׁעַ בֶּן קָרְחָה: וְעוֹד זֹאת הִתְקִין רַבָּן יוֹחָנָן בֶּן זַכַּאי, שֶׁאֲפִלּוּ רֹאשׁ בֵּית דִּין בְּכָל מָקוֹם בארץ, כגון שהיה צריך לצאת לצרכיו ואינו נמצא בבית הדין, **שֶׁלֹּא יְהוּ הָעֵדִים הוֹלְכִין אֶלָּא לִמְקוֹם הַוַּעַד** המרכזי, מושב הסנהדרין הגדולה. והתקנה הייתה כדי שהעדים ידעו בוודאות לאן הם צריכים ללכת להעיד את עדותם.

ה סֵדֶר בְּרָכוֹת:
אוֹמֵר אָבוֹת וּגְבוּרוֹת וּקְדֻשַּׁת הַשֵּׁם,
וְכוֹלֵל מַלְכִיּוֹת עִמָּהֶן,
וְאֵינוֹ תוֹקֵעַ.
קְדֻשַּׁת הַיּוֹם, וְתוֹקֵעַ.
זִכְרוֹנוֹת, וְתוֹקֵעַ.
שׁוֹפָרוֹת, וְתוֹקֵעַ.
וְאוֹמֵר עֲבוֹדָה וְהוֹדָאָה וּבִרְכַּת כֹּהֲנִים, דִּבְרֵי רַבִּי יוֹחָנָן בֶּן נוּרִי.

אָמַר לוֹ רַבִּי עֲקִיבָא:
אִם אֵינוֹ תוֹקֵעַ לְמַלְכִיּוֹת, לָמָּה הוּא מַזְכִּיר?
אֶלָּא אוֹמֵר אָבוֹת וּגְבוּרוֹת וּקְדֻשַּׁת הַשֵּׁם,
וְכוֹלֵל מַלְכִיּוֹת עִם קְדֻשַּׁת הַיּוֹם, וְתוֹקֵעַ.
זִכְרוֹנוֹת, וְתוֹקֵעַ.
שׁוֹפָרוֹת, וְתוֹקֵעַ.
וְאוֹמֵר עֲבוֹדָה וְהוֹדָאָה וּבִרְכַּת כֹּהֲנִים.

רבי עובדיה מברטנורה

אָבוֹת - מָגֵן אַבְרָהָם **וּגְבוּרוֹת** - אַתָּה גִּבּוֹר. **קְדֻשַּׁת הַשֵּׁם** - קָדוֹשׁ קָדוֹשׁ קָדוֹשׁ. קְדֻשַּׁת הַיּוֹם - אַתָּה בְחַרְתָּנוּ. **זִכְרוֹנוֹת וְתוֹקֵעַ שׁוֹפָרוֹת וְתוֹקֵעַ** - מִקְּרָאֵי יָלְפִינַן לְהוּ, דִּכְתִיב (ויקרא כג, כד): "זִכְרוֹן תְּרוּעָה", וְדָרְשׁוּ רַבּוֹתֵינוּ ז"ל (גמרא לב, א): זִכְרוֹן - אֵלּוּ זִכְרוֹנוֹת, תְּרוּעָה - אֵלּוּ שׁוֹפָרוֹת, וְאָמַר קְרָא (במדבר י, י): "וְהָיוּ לָכֶם לְזִכָּרוֹן לִפְנֵי אֱלֹהֵיכֶם, אֲנִי ה' אֱלֹהֵיכֶם". מַה תַּלְמוּד לוֹמַר "אֲנִי ה' אֱלֹהֵיכֶם"? לִמֵּד עַל כָּל מָקוֹם שֶׁיֵּשׁ שָׁם זִכְרוֹנוֹת וְשׁוֹפָרוֹת - יִהְיוּ מַלְכִיּוֹת עִמָּהֶם. **אָמַר רַבִּי עֲקִיבָא וכו'** - וַהֲלָכָה כְּרַבִּי עֲקִיבָא.

בתפילת העמידה במוסף של ראש השנה מוסיפים על שלוש הברכות הראשונות ושלוש האחרונות את מלכויות, זיכרונות ושופרות, ומתפללים בסך הכול 9 ברכות, בניגוד לשבת ויום טוב שמתפללים 7 ברכות. והתנאים נחלקו מהו סדר הברכות ומתי תוקעים בשופר בברכות אלו.

יש לציין כי מלבד התקיעות על סדר הברכות תוקעים גם קודם מוסף, ותקיעות אלו נקראות 'תקיעות דמיושב', ותקיעות המוסף נקראות 'תקיעות דמעומד'.

נעיר כי בעל המאור (יב, א) סבר כי ברכות אלו נאמרו בכל תפילות העמידה שבראש השנה ולא רק במוסף.

סֵדֶר בְּרָכוֹת בתפילת העמידה במוסף של ראש השנה: **אוֹמֵר אָבוֹת,** "מגן אברהם", **וּגְבוּרוֹת,** "אתה גיבור... מחיה המתים", **וּקְדֻשַּׁת הַשֵּׁם,** "אתה קדוש... המלך הקדוש", **וְכוֹלֵל מַלְכִיּוֹת עִמָּהֶן,** כיוון שמלכות ה' קשורה לקדושת ה', ולא לקדושת היום, **וְאֵינוֹ תוֹקֵעַ.**

אחר כך אומר ברכת **קְדֻשַּׁת הַיּוֹם,** "אתה בחרתנו... מקדש ישראל ויום הזכרון", **וְתוֹקֵעַ.** ואומר ברכת **זִכְרוֹנוֹת,** "אתה זוכר... זוכר הברית", **וְתוֹקֵעַ.** ואומר ברכת **שׁוֹפָרוֹת,** "אתה נגלית... שומע קול תרועת עמו ישראל ברחמים", **וְתוֹקֵעַ. וְאוֹמֵר עֲבוֹדָה,** "רצה... המחזיר שכינתו לציון", **וְהוֹדָאָה,** "מודים... הטוב שמך ולך נאה להודות", **וּבִרְכַּת כֹּהֲנִים,** וסמוך לה את הברכה האחרונה: "שים שלום... המברך את עמו ישראל בשלום", **דִּבְרֵי רַבִּי יוֹחָנָן בֶּן נוּרִי.**

אָמַר לוֹ רַבִּי עֲקִיבָא: אִם אֵינוֹ תוֹקֵעַ לְמַלְכִיּוֹת, לָמָּה הוּא מַזְכִּיר עשרה פסוקים במלכויות כמו בזיכרונות ושופרות? שכן אם השתנו לעניין התקיעות ישתנו לעניין הפסוקים (ראה משנה הבאה)! **אֶלָּא אוֹמֵר אָבוֹת וּגְבוּרוֹת וּקְדֻשַּׁת הַשֵּׁם, וְכוֹלֵל מַלְכִיּוֹת עִם קְדֻשַּׁת הַיּוֹם,** יש להסמיך אותה דווקא לקדושת היום כי נוסף לקדושת ה' שבכל השנה, בראש השנה אנו ממליכים את ה', וכאילו עַם ישראל יוצא לקבל את פני ה' (ראה טור סימן תקפא), **וְתוֹקֵעַ. זִכְרוֹנוֹת, וְתוֹקֵעַ. שׁוֹפָרוֹת וְתוֹקֵעַ. וְאוֹמֵר עֲבוֹדָה וְהוֹדָאָה וּבִרְכַּת כֹּהֲנִים.**

ו **אֵין פּוֹחֲתִין מֵעֶשֶׂר מַלְכִיּוֹת, מֵעֲשָׂרָה זִכְרוֹנוֹת, מֵעֲשָׂרָה שׁוֹפָרוֹת.**
רַבִּי יוֹחָנָן בֶּן נוּרִי אוֹמֵר: אִם אָמַר שָׁלֹשׁ שָׁלֹשׁ מִכֻּלָּן – יָצָא.

אֵין מַזְכִּירִין זִכְרוֹן, מַלְכוּת וְשׁוֹפָר שֶׁל פֻּרְעָנוּת.

מַתְחִיל בַּתּוֹרָה וּמַשְׁלִים בַּנָּבִיא.
רַבִּי יוֹסֵי אוֹמֵר: אִם הִשְׁלִים בַּתּוֹרָה יָצָא.

רבי עובדיה מברטנורה

מֵעֲשָׂרָה מַלְכִיּוֹת – שְׁלֹשָׁה פְּסוּקִים מִשֶּׁל תּוֹרָה, וּשְׁלֹשָׁה מִשֶּׁל כְּתוּבִים, וּשְׁלֹשָׁה מִשֶּׁל נְבִיאִים, וְאֶחָד מִשֶּׁל תּוֹרָה שֶׁמַּשְׁלִים בּוֹ.

שָׁלֹשׁ שָׁלֹשׁ – אֶחָד שֶׁל תּוֹרָה, וְאֶחָד שֶׁל כְּתוּבִים, וְאֶחָד שֶׁל נְבִיאִים. וַהֲלָכָה כְּרַבִּי יוֹחָנָן בֶּן נוּרִי.

מַלְכִיּוֹת וְזִכְרוֹנוֹת וְשׁוֹפָרוֹת שֶׁל פֻּרְעָנוּת – כְּגוֹן "אִם לֹא בְּיָד חֲזָקָה... אֶמְלוֹךְ עֲלֵיכֶם" (יחזקאל כ, לג), "וַיִּזְכֹּר כִּי בָשָׂר הֵמָּה" (תהלים עח, לט), "תִּקְעוּ שׁוֹפָר בַּגִּבְעָה" (הושע ה, ח), וְכַיּוֹצֵא בָּהֶן. וְזִכְרוֹן יָחִיד, כְּגוֹן "זָכְרָה לִּי אֱלֹהַי לְטוֹבָה" (נחמיה ה, יט), אַף עַל פִּי שֶׁהוּא לְטוֹבָה – אֵין מַזְכִּירִין אוֹתוֹ. וְכֵן הֲלָכָה.

רַבִּי יוֹסֵי אוֹמֵר אִם הִשְׁלִים בַּתּוֹרָה יָצָא – בַּגְּמָרָא (לב, ב) מְפָרֵשׁ לְמִלְּתֵיהּ דְּרַבִּי יוֹסֵי הָכִי: וּמַשְׁלִים בַּתּוֹרָה, וְאִם הִשְׁלִים בַּנָּבִיא יָצָא. וַהֲלָכָה כְּרַבִּי יוֹסֵי.

משנה זו מבארת כמה פסוקים אומרים בכל ברכה ממלכויות, זיכרונות ושופרות.

בזמן המשנה נוסח הברכות לא היה קבוע, וכל אחד היה יכול לבחור את פסוקי הברכות בעצמו, ולכן נקבעו כללים מניין להביא את הפסוקים. בתקופה מאוחרת יותר התקינו נוסח קבוע ובו הפסוקים שאנו אומרים כיום.

אֵין פּוֹחֲתִין מֵעֶשֶׂר מַלְכִיּוֹת, מֵעֲשָׂרָה זִכְרוֹנוֹת, מֵעֲשָׂרָה שׁוֹפָרוֹת – המספר עשר מסמל שלמות, המספר עשר הוא כנגד עשרה הילולים שבמזמור האחרון בתהלים (מזמור קנ), כנגד עשרת הדיברות או כנגד עשרה מאמרות שבהם נברא העולם (גמרא לב, א). בירושלמי (ד, ז) נאמרו טעמים נוספים. הגאונים דייקו מהמשנה ש"אין פוחתין" מעשר, אך יכולים להוסיף פסוקים כמה שירצו.

סדר הפסוקים הוא: שלושה מהתורה, שלושה מהנביאים ושלושה מהכתובים, והפסוק האחרון הוא מהתורה.

רַבִּי יוֹחָנָן בֶּן נוּרִי אוֹמֵר: אִם אָמַר שָׁלֹשׁ שָׁלֹשׁ מִכֻּלָּן – יָצָא, רבי יוחנן בן נורי חולק ולדעתו די בפסוק אחד מהתורה, אחד מהנביאים ואחד מהכתובים. המספר שלוש הוא

כנגד התורה, הנביאים והכתובים או כנגד כוהנים, לוויים וישראלים (גמרא לב, א). יש אומרים שאף הוא סובר שלכתחילה צריך לומר עשרה פסוקים.

אֵין מַזְכִּירִין זִכְרוֹן, מַלְכוּת וְשׁוֹפָר שֶׁל פֻּרְעָנוּת – פורענות היא צרה ודבר רע, והטעם שאין מזכירים פסוקי פורענות ודברים רעים הוא משום שאנו רוצים שה' ידון אותנו ברחמים. בתוספתא (ב, יב) כתבו שדווקא פורענות של ישראל אין להזכיר, אבל פורענות של גויים יכולים להזכיר, בעיקר כזו שמוזכרת בה הצלה של ישראל (ראה טורי אבן לב, ב).

אין לומר זיכרון של יחיד, ואפילו לטובה, והטעם הוא שראש השנה הוא יום דין של הציבור, והתירו לומר פסוקי זיכרון של שרה אמנו, כיוון שרבים יצאו ממנה (גמרא לב, ב).

מַתְחִיל בַּתּוֹרָה וּמַשְׁלִים בַּנָּבִיא – כלומר, סדר הפסוקים הוא: תורה, כתובים ונביאים.

רַבִּי יוֹסֵי אוֹמֵר: אִם הִשְׁלִים בַּתּוֹרָה יָצָא – בגמרא (לב, ב) ביארו שלשון המשנה אינה מדויקת ולדעת רבי יוסי לכתחילה יש לפתוח ולהשלים את הפסוקים בפסוק מהתורה, אך גם אם השלים בפסוק מהנביא יצא.

ז **הָעוֹבֵר לִפְנֵי הַתֵּבָה בְּיוֹם טוֹב שֶׁל רֹאשׁ הַשָּׁנָה - הַשֵּׁנִי מַתְקִיעַ. וּבִשְׁעַת הַהַלֵּל - הָרִאשׁוֹן מַקְרֵא אֶת הַהַלֵּל.**

רבי עובדיה מברטנורה

הַשֵּׁנִי מַתְקִיעַ - הַמִּתְפַּלֵּל תְּפִלַּת הַמּוּסָפִין מַתְקִיעַ, וְלֹא הַמִּתְפַּלֵּל תְּפִלָּה שֶׁל שַׁחֲרִית. וּבִשְׁעַת הַשְּׁמָד תִּקְּנוּ כָּךְ, שֶׁגָּזְרוּ שֶׁלֹּא יִתְקְעוּ, וְהָיוּ אוֹרְבִים לָהֶם כָּל שֵׁשׁ שָׁעוֹת שֶׁל זְמַן תְּפִלַּת הַשַּׁחַר, לְכָךְ הֶעֱבִירוּ הַתְּקִיעָה מִתְּפִלַּת הַשַּׁחַר לִתְפִלַּת הַמּוּסָפִים.
וּבִשְׁעַת הַהַלֵּל - מִשּׁוּם דְּאֵין אוֹמְרִים הַלֵּל בְּרֹאשׁ הַשָּׁנָה וּבְיוֹם הַכִּפּוּרִים קָתָנֵי: **וּבִשְׁעַת הַהַלֵּל**, כְּלוֹמַר בִּשְׁאָר יוֹם טוֹב שֶׁאוֹמְרִים הַלֵּל.

שליח הציבור מוציא את הרבים ידי חובת התפילה וגם ידי חובת המצוות המיוחדות של אותו היום, שופר והלל. המשנה מתארת מתי תקעו בשופר ומתי קראו את ההלל.

הָעוֹבֵר לִפְנֵי הַתֵּבָה בְּיוֹם טוֹב שֶׁל רֹאשׁ הַשָּׁנָה - הַשֵּׁנִי, שליח הציבור של מוסף, **מַתְקִיעַ** - מסמן לאחר שיתקע ויוציא ידי חובה את הציבור, אבל לא יתקע בעצמו כדי שלא יתבלבל בתפילתו (רב האי גאון). יש שביארו שתקעו בתפילת מוסף כמו במקדש, שבו תקעו בשופר בזמן הקרבת קרבנות מוסף היום. ובירושלמי (ד, ח) מסופר שפעם האויבים פחדו שתקיעת השופר היא אות ליציאה למלחמה, וחששו שהיהודים יוצאים לקרב והרגו אותם, ומאז גזרו חכמים שלא יתקעו בשחרית, וכיוון שרואים שהיהודים עסוקים בתפילתם ומאריכים באמירת פיוטים, מבינים שהשופר הוא חלק מהמצוות ולא אות קריאה למלחמה.

וּבִשְׁעַת הַהַלֵּל - הָרִאשׁוֹן, שליח הציבור של שחרית, **מַקְרֵא אֶת הַהַלֵּל**, משום שזריזין מקדימים למצוות. ההלל הוא בשאר החגים, אבל בראש השנה וביום הכפורים אין אומרים הלל, שהם ימי תשובה ודין ולא ימי שמחה.

הללויה

ח

שׁוֹפָר שֶׁל רֹאשׁ הַשָּׁנָה –
אֵין מַעֲבִירִין עָלָיו אֶת הַתְּחוּם, וְאֵין מְפַקְּחִין עָלָיו אֶת הַגַּל,
לֹא עוֹלִין בָּאִילָן, וְלֹא רוֹכְבִין עַל גַּבֵּי בְהֵמָה,
וְלֹא שָׁטִין עַל פְּנֵי הַמַּיִם,
וְאֵין חוֹתְכִין אוֹתוֹ,
בֵּין בְּדָבָר שֶׁהוּא מִשּׁוּם שְׁבוּת,
וּבֵין בְּדָבָר שֶׁהוּא מִשּׁוּם לֹא תַעֲשֶׂה.

אֲבָל אִם רָצָה לִתֵּן לְתוֹכוֹ מַיִם אוֹ יַיִן – יִתֵּן.

אֵין מְעַכְּבִין אֶת הַתִּינוֹקוֹת מִלִּתְקוֹעַ,
אֲבָל מִתְעַסְּקִין עִמָּהֶן עַד שֶׁיִּלְמְדוּ.

וְהַמִּתְעַסֵּק – לֹא יָצָא,
וְהַשּׁוֹמֵעַ מִן הַמִּתְעַסֵּק – לֹא יָצָא.

רבי עובדיה מברטנורה

אֵין מַעֲבִירִין עָלָיו אֶת הַתְּחוּם לֵילֵךְ חוּץ לַתְּחוּם כְּדֵי לְהָבִיא שׁוֹפָר אוֹ לֵילֵךְ לִשְׁמֹעַ הַתְּקִיעוֹת. **בְּדָבָר שֶׁהוּא מִשּׁוּם שְׁבוּת** – כְּגוֹן לְחָתְכוֹ בְּסַכִּין. **בְּדָבָר שֶׁהוּא מִשּׁוּם לֹא תַעֲשֶׂה** – כְּגוֹן לְחָתְכוֹ בַּמְּגֵרָה [=מסור], דַּהֲוָיָא מְלָאכָה גְּמוּרָה שֶׁל חֲרִישַׁת עֵץ. וְאִכָּא דְּמַתְנֵי אִפְּכָא, **דָּבָר שֶׁהוּא מִשּׁוּם שְׁבוּת** – מַגָּל, שֶׁאֵין דֶּרֶךְ לַחְתֹּךְ בּוֹ. **דָּבָר שֶׁהוּא מִשּׁוּם לֹא תַעֲשֶׂה** – סַכִּינָא, דְּאוֹרְחֵיהּ הוּא. **אִם רָצָה לִתֵּן לְתוֹכוֹ יַיִן – יִתֵּן,** וְלֹא אָמְרִינַן מְתַקֵּן מָנָא הוּא.

אֵין מְעַכְּבִין אֶת הַתִּינוֹקוֹת שֶׁהִגִּיעוּ לְחִנּוּךְ, וַאֲפִלּוּ בְּשַׁבָּת, כְּדֵי לְחַנְּכָן בְּמִצְווֹת, שֶׁיִּהְיוּ מְלֻמָּדִין לִתְקֹעַ בְּיוֹם טוֹב שֶׁל רֹאשׁ הַשָּׁנָה. **וּמִתְעַסְּקִים בָּהֶם** – וְלֵיכָּא לְמִגְזַר דִּלְמָא אָתוּ לְאַתּוּיֵי אַרְבַּע אַמּוֹת בִּרְשׁוּת הָרַבִּים, דְּהָא אֵינוֹ טָרוּד בְּמִצְוָה, אֶלָּא מִתְעַסֵּק בְּעָלְמָא. וְלֹא גָּזְרוּ שֶׁמָּא יְבִיאֶנּוּ אַרְבַּע אַמּוֹת בִּרְשׁוּת הָרַבִּים אֶלָּא בִּזְמַן שֶׁהוּא חַיָּב בִּתְקִיעַת שׁוֹפָר, שֶׁמִּתּוֹךְ שֶׁהוּא טָרוּד לָצֵאת יְדֵי חוֹבָתוֹ – יִשְׁכַּח אֶת הַשַּׁבָּת.

אף שתקיעת השופר היא מצווה מהתורה, מכל מקום אין לעבור על איסורי חכמים כדי להשיג שופר. המשנה מבארת מקרים שונים בעניין זה.

שׁוֹפָר שֶׁל רֹאשׁ הַשָּׁנָה – אֵין מַעֲבִירִין עָלָיו אֶת הַתְּחוּם, אם אין שופר בעיר ורוצים להביאו מעיר אחרת שנמצאת רחוק, וכדי להביא אותו צריך לעבור על איסור

תחומין (ראה
משנה עירובין
פרק ד), **וְאֵין מְפַקְּחִין עָלָיו אֶת הַגַּל,** אם השופר קבור תחת מפולת אבנים ורוצים לפנותם כדי להוציאו, והפינוי אסור משום טלטול מוקצה, **לֹא עוֹלִין בָּאִילָן,** אם השופר נמצא על עץ, ואסור לטפס על עץ ביום טוב שמא יתלוש ענף, **וְלֹא רוֹכְבִין עַל גַּבֵּי בְהֵמָה,** אם השופר נמצא במקום רחוק, שחכמים גזרו שלא לרכוב על בהמה ביום טוב שמא יתלוש ענף

כדי לזרז את הבהמה כדרך הרוכבים, **וְלֹא שָׁטִין עַל פְּנֵי הַמַּיִם**, כדי להביאו מרחוק, וחכמים אסרו לשוט ביום טוב שמא יכין כלי שייט, **וְאֵין חוֹתְכִין אוֹתוֹ**, אם השופר ארוך והוא רוצה לקצר אותו כדי שיוכל לתקוע בו, **בֵּין בְּדָבָר שֶׁהוּא מִשּׁוּם שְׁבוּת**, כגון בסכין, שזהו חיתוך לא מקצועי, ואסור מדרבנן, **וּבֵין בְּדָבָר שֶׁהוּא מִשּׁוּם לֹא תַעֲשֶׂה**, שאסור מן התורה, כגון במסור מקצועי, שחיתוך כזה אסור מהתורה משום שעובר על מלאכת מכה בפטיש.

אֲבָל אִם רָצָה לִתֵּן לְתוֹכוֹ של השופר **מַיִם אוֹ יַיִן**, כדי לנקותו - **יִתֵּן**, כי הניקוי אינו תיקון כלי.

אֵין מְעַכְּבִין אֶת הַתִּינוֹקוֹת, הילדים הקטנים, **מִלִּתְקוֹעַ**, ואפילו אם חל ראש השנה בשבת ואין מצוות תקיעה. **אֲבָל** אדרבה **מִתְעַסְּקִין עִמָּהֶן**, לכתחילה עוזרים להם ללמוד לתקוע, **עַד שֶׁיִּלְמְדוּ**.

וְהַמִּתְעַסֵּק, תקע בשופר בלי כוונה לצאת ידי חובה אלא כמשחק או בחוסר תשומת לב - **לֹא יָצָא**, מפני שלא התכוון לצאת ידי חובה. **וְהַשּׁוֹמֵעַ מִן הַמִּתְעַסֵּק - לֹא יָצָא**, אף אם השומע התכוון, מפני שהתוקע לא התכוון להוציאו ידי חובה, וכדי לצאת ידי חובה צריך שהתוקע והשומע יכוונו לצאת ידי חובה.

ט סֵדֶר תְּקִיעוֹת – שָׁלֹשׁ שֶׁל שָׁלֹשׁ שָׁלֹשׁ.
שִׁעוּר תְּקִיעָה – כְּשָׁלֹשׁ תְּרוּעוֹת.
שִׁעוּר תְּרוּעָה – כְּשָׁלֹשׁ יְבָבוֹת.

תָּקַע בָּרִאשׁוֹנָה וּמָשַׁךְ בַּשְּׁנִיָּה כִּשְׁתַּיִם – אֵין בְּיָדוֹ אֶלָּא אַחַת.

מִי שֶׁבֵּרַךְ וְאַחַר כָּךְ נִתְמַנָּה לוֹ שׁוֹפָר –
תּוֹקֵעַ וּמֵרִיעַ וְתוֹקֵעַ שָׁלֹשׁ פְּעָמִים.

כְּשֵׁם שֶׁשְּׁלִיחַ צִבּוּר חַיָּב – כָּךְ כָּל יָחִיד וְיָחִיד חַיָּב.
רַבָּן גַּמְלִיאֵל אוֹמֵר: שְׁלִיחַ צִבּוּר מוֹצִיא אֶת הָרַבִּים יְדֵי חוֹבָתָן.

רבי עובדיה מברטנורה

סֵדֶר תְּקִיעוֹת שָׁלֹשׁ – אַחַת לְמַלְכִיּוֹת וְאַחַת לְזִכְרוֹנוֹת וְאַחַת לְשׁוֹפָרוֹת.

שֶׁל שָׁלֹשׁ שָׁלֹשׁ – תְּקִיעָה וּתְרוּעָה וּתְקִיעָה לְכָל אַחַת וְאַחַת. לְפִי שֶׁנֶּאֱמַר שְׁתֵּי תְּרוּעוֹת בַּמִּקְרָא בְּרֹאשׁ הַשָּׁנָה, וּתְרוּעָה אַחַת בְּיוֹם הַכִּפּוּרִים שֶׁל יוֹבֵל, וְיָלְפִינַן "שְׁבִיעִי", "שְׁבִיעִי" לִגְזֵרָה שָׁוָה, לִתֵּן אֶת הָאָמוּר שֶׁל זֶה בָּזֶה. וּתְרוּעָה הָאֲמוּרָה בְּיוֹם הַכִּפּוּרִים שֶׁל יוֹבֵל אָנוּ נוֹתְנִין אוֹתָהּ לְרֹאשׁ הַשָּׁנָה. נִמְצְאוּ בְּרֹאשׁ הַשָּׁנָה שָׁלֹשׁ תְּרוּעוֹת. וּשְׁתֵּי תְּרוּעוֹת הָאֲמוּרוֹת בְּרֹאשׁ הַשָּׁנָה נוֹתְנִין אוֹתָן לְיוֹם הַכִּפּוּרִים. נִמְצְאוּ שָׁלֹשׁ תְּרוּעוֹת בְּיוֹם הַכִּפּוּרִים. וְכָל תְּרוּעָה – פְּשׁוּטָה לְפָנֶיהָ וּפְשׁוּטָה לְאַחֲרֶיהָ, דְּתַנְיָא (גמרא לג, א): "מִנַּיִן שֶׁפְּשׁוּטָה לְפָנֶיהָ? תַּלְמוּד לוֹמַר (ויקרא כה, ט): 'וְהַעֲבַרְתָּ שׁוֹפַר תְּרוּעָה', וּמִנַּיִן שֶׁפְּשׁוּטָה לְאַחֲרֶיהָ? תַּלְמוּד לוֹמַר (שם): 'תַּעֲבִירוּ שׁוֹפָר'". הֲרֵי הַעֲבָרָה תְּחִלָּה וָסוֹף וּתְרוּעָה בֵּינְתַיִם. וּלְשׁוֹן "הַעֲבָרָה" – פְּשׁוּטָה, מַשְׁמַע הַעֲבָרַת קוֹל אֶחָד פָּשׁוּט. הֲרֵי לְשָׁלֹשׁ תְּרוּעוֹת שֶׁל רֹאשׁ הַשָּׁנָה שֵׁשׁ תְּקִיעוֹת, וַהֲרֵי לָךְ שָׁלֹשׁ שֶׁל שָׁלֹשׁ שָׁלֹשׁ.

שִׁעוּר תְּקִיעָה – שִׁעוּר כָּל הַתְּקִיעוֹת, שֶׁהֵם שֵׁשׁ תְּקִיעוֹת. **כְּשָׁלֹשׁ תְּרוּעוֹת** – נִמְצָא שִׁעוּר תְּקִיעָה אַחַת כַּחֲצִי תְּרוּעָה. **שִׁעוּר תְּרוּעָה כְּשָׁלֹשׁ יְבָבוֹת** – שְׁלֹשָׁה קוֹלוֹת בְּעָלְמָא שֶׁל כָּל שֶׁהֵן. וְיֵשׁ מְפָרְשִׁים שֶׁכָּל יְבָבָא הִיא שְׁלֹשָׁה כֹּחוֹת שֶׁל כָּל שֶׁהֵן, נִמְצָא שִׁעוּר תְּרוּעָה תִּשְׁעָה כֹּחוֹת שֶׁל כָּל שֶׁהֵן. וְהָכִי מִסְתַּבְּרָא.

תָּקַע בָּרִאשׁוֹנָה – פְּשׁוּטָה שֶׁלִּפְנֵי הַתְּרוּעָה תָּקַע כְּדַרְכָּהּ. וּמָשַׁךְ בַּשְּׁנִיָּה – תְּקִיעָה שֶׁלְּאַחַר הַתְּרוּעָה מָשַׁךְ **כִּשְׁתַּיִם**, לָצֵאת בָּהּ יְדֵי שְׁתַּיִם, שֶׁהָיָה צָרִיךְ לַעֲשׂוֹת זוֹ אַחַר זוֹ, פְּשׁוּטָה שֶׁלְּאַחֲרֶיהָ דְּמַלְכִיּוֹת וּפְשׁוּטָה שֶׁלְּפָנֶיהָ דְּזִכְרוֹנוֹת. **אֵין בְּיָדוֹ אֶלָּא אַחַת.** דְּאַפְסוּקֵי תְּקִיעָה אַחַת לִשְׁתַּיִם לֹא מַפְסְקִינַן.

מִי שֶׁבֵּרַךְ – הִתְפַּלֵּל תְּפִלַּת הַמּוּסָפִין וּבֵרַךְ תֵּשַׁע בְּרָכוֹת.

כְּשֵׁם שֶׁשְּׁלִיחַ צִבּוּר חַיָּב – בֵּין בִּבְרָכוֹת שֶׁל רֹאשׁ הַשָּׁנָה בֵּין בִּתְפִלּוֹת שֶׁל כָּל הַשָּׁנָה, וְאֵינוֹ יוֹצֵא יְדֵי חוֹבָתוֹ אֶלָּא בִּתְפִלָּה שֶׁמִּתְפַּלֵּל הוּא בְּעַצְמוֹ, **כָּךְ כָּל יָחִיד וְיָחִיד** הַבָּקִי וְיוֹדֵעַ לְהִתְפַּלֵּל אֵינוֹ יוֹצֵא יְדֵי חוֹבָתוֹ אֶלָּא בִּתְפִלַּת עַצְמוֹ, בֵּין בְּרֹאשׁ הַשָּׁנָה בֵּין בִּשְׁאָר כָּל יְמוֹת הַשָּׁנָה. וְאֵין שְׁלִיחַ צִבּוּר יוֹרֵד לִפְנֵי הַתֵּבָה אֶלָּא לְהוֹצִיא אֶת שֶׁאֵינוֹ בָּקִי.

שְׁלִיחַ צִבּוּר מוֹצִיא אֶת הָרַבִּים יְדֵי חוֹבָתָם – בֵּין בָּקִי בֵּין שֶׁאֵינוֹ בָּקִי, בֵּין בִּבְרָכוֹת שֶׁל רֹאשׁ הַשָּׁנָה בֵּין

בִּתְפִלּוֹת שֶׁל כָּל הַשָּׁנָה. וְלָמָּה צִבּוּר מִתְפַּלְּלִין בְּלַחַשׁ? כְּדֵי לְהַסְדִּיר שְׁלִיחַ צִבּוּר אֶת תְּפִלָּתוֹ. וַהֲלָכָה כַּחֲכָמִים בִּבְרָכוֹת שֶׁל כָּל הַשָּׁנָה, שֶׁאֵין שְׁלִיחַ צִבּוּר מוֹצִיא אֶלָּא אֶת שֶׁאֵינוֹ בָקִי, אֲבָל בִּבְרָכוֹת שֶׁל רֹאשׁ הַשָּׁנָה וְשֶׁל יוֹם הַכִּפּוּרִים וְשֶׁל יוֹבֵל, שֶׁהֵן תֵּשַׁע בְּרָכוֹת אֲרֻכּוֹת וְאֵין הַכֹּל בְּקִיאִין בָּהֶן - הֲלָכָה כְּרַבָּן גַּמְלִיאֵל, שֶׁכְּשֵׁם שֶׁמּוֹצִיא אֶת שֶׁאֵינוֹ בָקִי - כָּךְ מוֹצִיא אֶת הַבָּקִי.

משנה זו מבארת את סדר תקיעת השופר. מהתורה צריך לתקוע תקיעה, תרועה, תקיעה. והמשנה מבארת מה משך הזמן של כל קול.

סֵדֶר תְּקִיעוֹת - שָׁלֹשׁ סדרות **שֶׁל שָׁלֹשׁ שָׁלֹשׁ,** בכל סדר תוקעים שלושה קולות: תקיעה, תרועה, תקיעה.

שִׁעוּר אורך **תְּקִיעָה - כְּשָׁלֹשׁ תְּרוּעוֹת,** קולות קצרים.

שִׁעוּר תְּרוּעָה - כְּשָׁלֹשׁ יְבָבוֹת, התרועה אינה קול ארוך אלא מורכבת מכמה קולות קצרים, הדומים לבכי.

בימי האמוראים היו מסורות שונות של התרועה, ויש אומרים ששכחו כיצד הייתה התרועה המקורית, היו שנהגו לתקוע 3 קולות קצרים, היו שנהגו לתקוע 9 קולות קצרצרים, והיו שנהגו לתקוע שניהם גם יחד, ולכן התקין רבי אבהו שיתקעו כמה פעמים, בכל פעם תרועה מסוג אחר, ובכך יצאו ידי חובה, וכך אנו נוהגים היום: תוקעים 'שברים', 'תרועה' ו'שברים-תרועה' (גמרא לד, א), ולכל אחת מאלו צריך תקיעה לפניה ולאחריה.

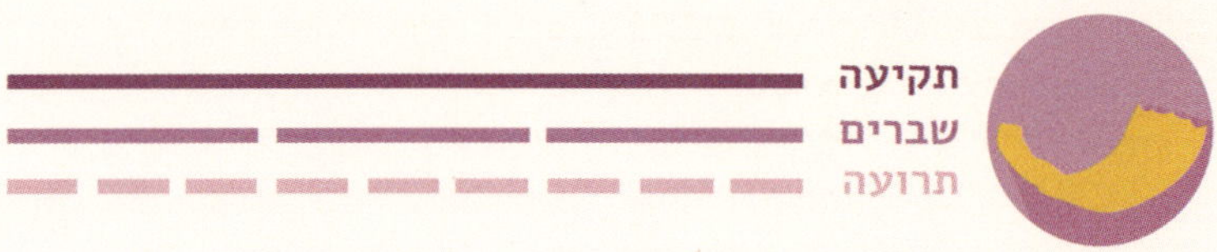

תָּקַע בָּרִאשׁוֹנָה וּמָשַׁךְ בַּשְּׁנִיָּה כִּשְׁתַּיִם, בסדר הראשון של 'תקיעה, תרועה, תקיעה' תקע תקיעה ארוכה ובכך רצה לחבר את התקיעה האחרונה של סדר זה עם התקיעה הראשונה של הסדר השני - **אֵין בְּיָדוֹ אֶלָּא** תקיעה **אַחַת,** משום שצריך להפריד בין הסדרים של התקיעות, והקול נחשב לתקיעה האחרונה של הסדר הראשון בלבד, וצריך לתקוע שוב בשביל התקיעה של הסדר השני.

מִי שֶׁבֵּרַךְ את ברכות תפילת המוסף, ולא תקע בשופר על סדר הברכות (מלכויות, זיכרונות ושופרות), **וְאַחַר כָּךְ נִתְמַנָּה לוֹ,** הזדמן לו, **שׁוֹפָר - תּוֹקֵעַ וּמֵרִיעַ וְתוֹקֵעַ שָׁלֹשׁ**

פְּעָמִים, ואינו צריך להתפלל מוסף שוב, שאף שחכמים תיקנו שיתקע בתפילה על סדר הברכות, אין זה מעכב.

כְּשֵׁם שֶׁשְּׁלִיחַ צִבּוּר חַיָּב בתפילה – **כָּךְ כָּל יָחִיד וְיָחִיד חַיָּב** להתפלל בעצמו, ולא יסמוך על תפילת שליח הציבור, אלא אם אינו יודע להתפלל בעצמו.

רַבָּן גַּמְלִיאֵל אוֹמֵר: שְׁלִיחַ צִבּוּר מוֹצִיא אֶת הָרַבִּים יְדֵי חוֹבָתָן – ולכן היחידים אינם צריכים להתפלל תפילת לחש, אלא יקשיבו לתפילת שליח הציבור.

מאמר על יסודות קידוש החודש

מאמר על יסודות קידוש החודש

בשני הפרקים הראשונים של מסכת ראש השנה למדנו על קידוש החודש על פי ראיית הירח ובמאמר זה נבאר מהו מולד הירח, כיצד היו מקדשים את החודש על פי הראייה וכיצד מקדשים את החודש בימינו.

אמנם כדי לבאר בשלמות את עניין קידוש החודש יש צורך בלימוד מקיף של נושאים רבים, כולל היחס בין שנת החמה לשנת הירח, ואי אפשר לעשות זאת במאמר קצר, אך במאמר זה נבאר את עניין קידוש החודש בלבד והוא כעין השלמה לשני הפרקים הראשונים של המסכת.

מהו מולד הירח?

מנקודת מבטו של מי שנמצא בכדור הארץ, השמש מסתובבת סביב כדור הארץ ומשלימה סיבוב שלם פעם ב-365 ימים בערך[1]. והירח מסתובב סביב כדור הארץ ומשלים סיבוב שלם פעם ב-29 ימים, 12 שעות ו-793 חלקים מתוך 1080 של שעה[2] (שהם 44 דקות ו-3 שניות וכשליש שנייה[3]) בממוצע. שני הסיבובים האלה אינם מתואמים אך כיוונם זהה. מלבד הסיבובים של השמש והירח סביב כדור הארץ, כדור הארץ עצמו מסתובב בכל 24 שעות סיבוב שלם סביב צירו[4].

כאשר כדור הארץ עומד בין השמש לירח[5] – אנו רואים את מלוא הירח: 'ירח מלא'[6]. תופעה זו מתקיימת באמצע החודש.

כאשר הירח עומד בין כדור הארץ לשמש – הירח אינו נראה כלל[7], ומצב זה מתקיים פעם בחודש. לקראת סוף החודש הירח מתקרב למקום זה, ועם התקדמות הימים הירח מתמעט עד שהוא נעלם, כאשר הוא מגיע בדיוק לנקודה שבו הירח עומד בקו ישר עם כדור הארץ והשמש. מצב זה נקרא 'התקבצות'[8].

כאשר הירח יוצא ממצב זה ומתקדם לכיוון השמש - מתחיל החודש החדש. זמן ההתקבצות נקרא 'המולד האמיתי' או 'המולד האסטרונומי'.

בין כ-15 ל-56 שעות לאחר ההתקבצות הירח החדש ייראה. לרוב, זמן ראיית הירח החדש הוא כ-20 דקות אחרי שקיעת השמש, אך רק בחודשים מסוימים אפשר

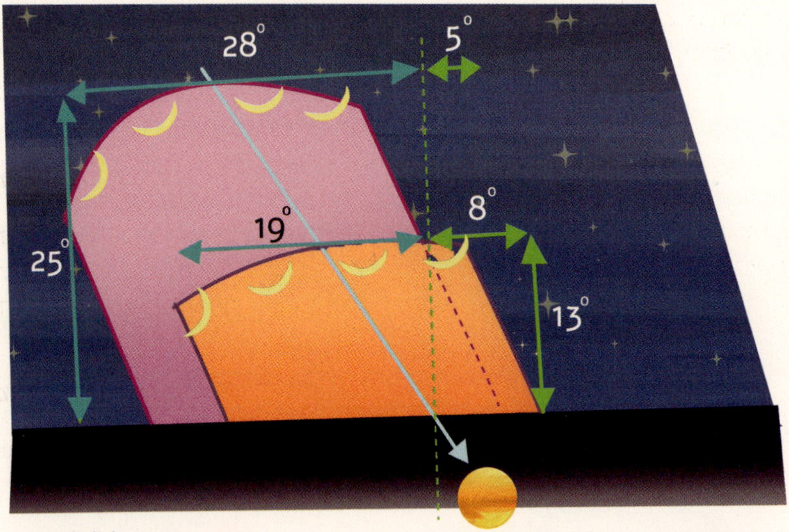

הירח של ליל 31
הירח של ליל 30

לראות את הירח החדש ביום של המולד האמיתי, ובחודשים אחרים רואים אותו רק יום לאחר מכן. אכן יש חודשים שבהם אפשר לראות את הירח החדש כמה דקות לפני השקיעה, ועל מקרה כזה מדברת המשנה ג, א, שראוהו כל ישראל ואף העידו עליו, אך לא נשאר זמן לומר "מקודש". בזמן שהיו מקדשים על פי הראייה, מי שהיה רואה את הירח החדש היה הולך להעיד בבית הוועד, בית הדין היו מקבלים את העדות ומקדשים את החודש. כיוון שאין מקבלים עדות בלילה - אי אפשר לקדש את החודש בלילה.

זמן ההתקבצות וזמן הראייה שונים מחודש לחודש ותלויים בזווית הירח באותו חודש. והזמן שבין התקבצות להתקבצות שונה מחודש לחודש. חז"ל הכירו תופעה זו, וכך אמר רבן גמליאל על המולד האמיתי של הירח: "כך מקובלני מבית אבי אבא:

פעמים שבא בארוכה, ופעמים שבא בקצרה" (גמרא כה, א).

בחודשים שהירח החדש נראה מיד אחרי ההתקבצות היו מקדשים את החודש ביום ל' לחודש הקודם, ובחודשים שלא היו רואים היו מקדשים אותו ביום ל"א לחודש הקודם, והוא נקרא 'חודש מעובר'.

בחודשים שבהם אי אפשר לראות את הירח החדש מחמת הזווית שהוא נמצא ביחס לכדור הארץ או מחמת מזג האוויר, וכן בזמן הזה שאין מקדשים את החודש לפי הראייה, מקדשים את החודש לפי חשבון המולד שהתקין הלל השני (שחי בתקופת האמוראים).

מהו מולד 'ממוצע'?

חז"ל חישבו שבכל 29 ימים, 12 שעות ו-44 דקות בערך נולד הירח החדש. אמנם ראינו שפעמים המולד בזמן מוקדם יותר ופעמים מאוחר יותר, אך בממוצע שנתי זהו זמן המולד. הממוצע משמש לחשבון שנתי[9].

מיקום הירח החדש בזמן המולד

את הירח החדש אפשר לראות ליד מקום השמש בשקיעת החמה, דהיינו בצד מערב. בחורף השמש שוקעת קצת דרומה ובקיץ קצת צפונה.

בחודש של 30 ימים אפשר לראות את הירח החל מדקות ספורות קודם השקיעה ועד כ-30 דקות אחריה, ובחודש של 31 ימים, שעבר זמן רב יותר מההתקבצות, אפשר לראותו מ-20 דקות קודם השקיעה ועד כ-20 דקות לאחריה. משך הזמן שבו אפשר לראות את הירח מרגע הופעתו הוא בין דקות ספורות ועד לכשעתיים.

מקום הירח החדש בחודש של 30 יום הוא בגובה 13°, וברוחב של בין 8° צפונית לנקודת השקיעה (באביב) ל-19° דרומית לה (בסתיו). בחודש של 31 יום הירח יכול להגיע לגובה של 30°. נתונים אלה נכונים לארץ ישראל ובאזורים הדומים לה גאוגרפית.

מראה הירח החדש

בהתקבצות תאורת הירח היא 0% ואי אפשר לראות אותו. 30 יום אחרי המולד הקודם (כחצי יום אחרי ההתקבצות) הירח מאיר בין 1% ל-3.5% מאורו, ו-31 יום אחרי המולד הקודם הוא מאיר בכ-6%.

בתחילת הופעתו, קודם שקיעת השמש, הירח נמצא מעל קו האופק והמראה שלו הוא דק וחלש, בהמשך, מיד אחרי שקיעת החמה המראה שלו מתחזק, והוא יורד לכיוון קו האופק, ולאחר מכן הוא שוקע אל האופק ושוב המראה שלו הולך ודועך. יש לציין כי השינוי במראה אינו בגלל שינוי בירח עצמו אלא בגלל האטמוספרה.

מראה הירח בשאר ימי החודש

לעיל הזכרנו את ההתקבצות, שהיא בתחילת החודש, שבו נראה מולד הירח החדש, ואת אמצע החודש, שבו נראה ירח מלא, עתה נבאר מה קורה לירח בשאר ימי החודש.

במהלך החודש הירח נע סביב כדור הארץ ובכל פעם הוא עומד בזווית אחרת כנגד השמש, החלק בירח שאותו השמש מאירה נראה לתושבי כדור הארץ.

זריחת הירח ושקיעתו

עד כה דיברנו על המראה של הירח בכל חלקי החודש, עתה נבאר באילו שעות והיכן בשמים ייראה הירח בכל יום מימי החודש.

בדומה לשמש, גם לירח יש זריחה ושקיעה, אך בניגוד לשמש, שזורחת בבוקר של כל יום, שוקעת בסופו ושוב זורחת למחרת בבוקר בסיבוב שנמשך 24 שעות, הירח זורח ושוקע בשעות שונות בכל יום בחודש, והשעות שאפשר לראות אותו משתנות מיום ליום.

בימים הסמוכים למולד אפשר לראות את הירח רק כשהשמש אינה מאירה באור חזק את השמים, כגון באמצע היום. ברוב הפעמים הירח נראה רק בלילה, אך יש ימים מסוימים שבהם הוא נראה בתחילת היום או בסופו.

כיוון הזריחה הכללי של הירח הוא ממזרח למערב, ובעונות השנה השונות הירח נוטה לצפון (חורף) או לדרום (קיץ) בזמן המולד, ובמשך החודש נטיית הירח נעה מדרום לצפון.

כמבואר לעיל, בתחילת החודש שקיעת הירח שווה בקירוב לשקיעת השמש, ולכן הירח (בצורת חרמש שפונה לצד צפון, לימין המתבונן) נראה בזמן שקיעת השמש ובערך במקום שקיעת השמש, והוא נראה רק בתחילה הלילה. בהמשך החודש זריחת הירח מקדימה בכל יום בכ-48 דקות[10], ובימים הראשונים של תחילת החודש הירח ייראה בתחילת הלילה במערב.

ברבע הראשון של החודש, הירח (חצי מלא) זורח בחצות היום ושוקע בחצות הלילה, בתחילת הלילה הוא נראה באמצע השמים, ובחצות הלילה שוקע במערב.

בשליש הראשון של החודש, הירח (שני שליש מלא) נראה בשליש הלילה בגובה שליש השמים במזרח (וייתכן שייראה גם קודם שקיעת השמש), ובשני שליש של הלילה ישקע במערב.

באמצע החודש, הירח (המלא) זורח עם שקיעת החמה, שוקע בזריחת השמש ונראה כל הלילה. בתחילת הלילה ייראה במזרח, באמצע הלילה במרכז השמים ובסוף הלילה במערב.

בשני שליש של החודש, הירח זורח בשליש הלילה במזרח, ובסוף הלילה הוא יהיה בשני שליש של השמים לכיוון מערב (וייתכן שייראה גם אחרי זריחת השמש).

אחרי שלושה רבעים של החודש, הירח (חצי מלא) זורח בחצות הלילה ושוקע באמצע היום, ונראה בחצי האחרון של הלילה במזרח, ובסוף הלילה במרכז השמים.

לקראת סוף החודש, זריחת הירח היא לקראת סוף הלילה והירח ייראה לקראת סוף הלילה ובתחילת הבוקר במזרח (כשהירח נמצא במזרח, לעומד בכדור הארץ נראה צדו הימני מואר, וכשהוא עובר את מרכז השמים רואים שצדו השמאלי מואר).

לאחר כמה ימים יתחיל החודש החדש וזריחת הירח תהיה עם זריחת השמש והוא ייראה רק בשקיעתו במערב, וחוזר חלילה.

הערות

1. יש להעיר כי בעת העתיקה ובימי הביניים סברו כי השמש סובבת סביב כדור הארץ, אך קופרניקוס (במאה ה-16) פיתח תאוריה שלפיה השמש עומדת במרכז וכדור הארץ סובב סביבה, ועד היום המדענים אוחזים בשיטה זו. אך לעניין חישוב הזמנים של היום והשנה אין הבדל בין השיטות.

2. הקדמונים מנו מספר זה באותיות: כ"ט, י"ב, תשצ"ג. והסיבה שחילקו את השעות ל-1080 חלקים היא כדי שחלק השעה של המולד יהיה מספר שלם: 793.

3. כיום המדענים סבורים כי הזמן המדויק של המולד הוא 29 יום 44 דקות ו-2.8769 שניות, וייתכן שאורך היממה השתנה עם השנים, והזמן שמסרו חז"ל היה מדויק לזמנם.

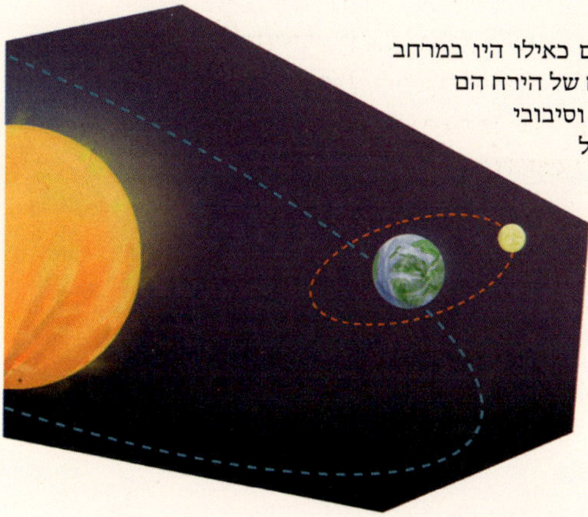

4. התייחסנו במאמר זה לכל הסיבובים כאילו היו במרחב דו-ממדי, אך לאמיתו של דבר הסיבובים של הירח הם בזווית של 5° מעל ומתחת לכדור הארץ, וסיבובי השמש הם בזווית של 23.5° בממוצע מעל ומתחת לכדור הארץ, דבר הגורם למורכבות של החשבונות. במאמר זה נקטנו את הדרך הפשוטה אף שאינה מדויקת, משום שמטרתנו היא לבאר את יסודות החשבון בלבד.

5. כפי שכתבנו בהערה הקודמת, הירח אינו נמצא בקו ישר ואינו חוצץ בין השמש לכדור הארץ, אלא נמצא מעט למעלה או למטה מהם, אחת לחצי שנה בערך כדור הארץ נמצא בדיוק בין השמש לירח (ויש שנים שתופעה זו מתקיימת בצורה חלקית 5 פעמים), ותופעה זו נקראת 'ליקוי ירח' או 'ליקוי חלקי'.

6. הסיבה לכך היא שלירח אין אור מצד עצמו, והאור שלו הוא אור החוזר מהשמש, ולכן כאשר הירח נמצא מאחורי כדור הארץ, כולו מואר מהשמש, ובכדור הארץ רואים אותו מלא.

7. כלומר, חלק הירח שמופנה כלפי כדור הארץ אינו מאיר, אך החלק המופנה כלפי השמש מאיר, אלא שתושבי כדור הארץ אינם יכולים לראות זאת.

8. הוא נקרא כך משום שהשמש, הירח וכדור הארץ מתקבצים בקו אחד.

9. ב'שבת מברכין' מכריזים בבית הכנסת את זמן המולד הממוצע ולא את זמן המולד האמיתי או הנראה, וכיוון שאין משמעות למולד זה לעניין ראש חודש יש שערערו על מנהג ההכרזה של המולד.

10. זהו זמן ממוצע, בפועל הפער הוא בין 33 ל-69 דקות קודם לזריחת היום הקודם. גם זמנים אלו הם לעומד בארץ ישראל.

קורן ירושלים